沖縄戦における住民問題

原　剛著

錦正社

『沖縄戦における住民問題』目次

はじめに……11

第一章　沖縄県の概要……12

一、沖縄県の地勢……12

二、沖縄県の人口と食糧米……13

三、行政機関……14

（1）特別援護室（後の人口課）　16

（2）警察署　17

（3）地方事務所・支庁　18

（4）食糧配給課・沖縄食糧営団　19

四、戦場地域の行政責任……20

（1）「戒厳令」は宣告せず　20

（2）国土戦の研究・準備不足　21

五、住民感情……22

（1）多数の防衛召集　22

（2）第九師団の台湾転出　23

（3）将兵の横暴に対する反感　24

六、行政責任者等の県外脱出……25
第二章　沖縄戦の経過概要……28
一、第三二軍の作戦準備……28
（1）軍隊の配置（戦史叢書『沖縄方面陸軍作戦』） 28
（2）陣地構築 31
（3）兵力の自力増強と住民の戦力化 32
（4）第三二軍の住民対策 32
二、戦闘経過……36
（1）戦闘経過の概要 36
※牛島軍司令官と長参謀長の自決日について 40
（2）第三二軍の作戦第一主義 40
（3）戦没者数からみた沖縄戦 41
第三章　疎　開……44
一、県外への一般疎開……44
（1）県外疎開方針の決定 44
（2）県外疎開計画の策定 46
（3）県外疎開の受け入れ割り当て 50

（4）疎開の督励と実施　54
（5）各県の受け入れ状況　56
（6）宮古・八重山の疎開　60
二、学童疎開……61
（1）学童疎開の計画準備　61
（2）学童疎開の督励と実施　64
（3）各県の受け入れ状況　67
（4）文部省の指導と予算措置　74

第四章　避　難

第四章　避　難……77
一、北部への避難……77
（1）北部避難計画の策定経緯　77
（2）北部避難計画の策定　80
（3）受け入れ町村の受け入れ準備　83
（4）北部への避難の開始　87
（5）米軍上陸直前の避難　92
（6）避難後の北部での生活　97
二、戦闘開始後の南部への避難……101
（1）上陸正面地域の住民の避難　101

（2）南部への避難　102
三、米軍による収容……106
四、宮古・八重山の状況……108
（1）避難の準備・計画　108
（2）避難の実施　117
（3）マラリア被害　120
五、収容者および疎開者の復帰……121
（1）収容者の復帰　121
（2）疎開者の復帰　122

第五章　防衛隊と防衛召集および学徒の戦力化……124
一、防　衛　隊……124
（1）防衛隊編成の経緯　124
（2）在郷軍人会による防衛隊の編成　126
二、防衛召集……130
（1）「陸軍防衛召集規則」の制定　130
（2）防衛召集の実施　132
（3）防衛召集者（兵）の召集年齢問題　136

(4) 防衛召集者(兵)の問題点 137
三、男女学徒の戦力化……138
(1) 男子学徒 139
(2) 女子学徒 141

第六章 スパイ視問題と住民殺害……143
一、スパイ視問題……143
(1) スパイ視問題の背景 143
(2) 第三二軍の防諜対策 147
(3) スパイ視の事例 151
(4) スパイの存在 152
二、スパイ容疑による住民殺害……155
(1) 殺害の事例 155
イ 久米島における鹿山隊の殺害 156
ロ 渡嘉敷島における赤松隊の殺害 157
(2) 殺害の要因 158

第七章 集団自決問題……160
一、集団自決について……160

（1）集団自決とは 160
（2）大江健三郎『沖縄ノート』裁判 161
二、渡嘉敷島の集団自決……162
（1）『鉄の暴風』の赤松隊長命令説 163
（2）当時の兵事主任新城（富山）真順の証言 166
（3）自決命令はあったか 168
三、座間味島の集団自決……170
（1）宮城初枝（旧姓宮平）の証言 170
（2）梅沢隊長命令説 172
（3）梅沢隊長命令否定論 174
四、集団自決の要因……176
おわりに……178
参考文献……180

沖縄戦における住民問題

はじめに

沖縄戦は、大東亜戦争の最終段階において、本土決戦準備のための時間的余裕を得るために行われた戦いで、元寇以来の国土防衛作戦であった。この戦いは、圧倒的に優勢な米軍を相手に、日本軍は沖縄県民の協力を得て、約三カ月持久し、本土決戦の時間的余裕を得たが、軍のほとんどは玉砕するとともに、沖縄県民も甚大な被害を受けた悲惨な戦いであった。

このような沖縄戦に関して、作戦・戦闘については多くの書が出版されており、また住民問題についても、沖縄タイムス社編『鉄の暴風』に代表される多くの書が出版されている。しかし住民問題に関しては、あまりにも大きな犠牲を強いられたためか、やや感情に走り、事実が誤認されたり、隠蔽されたりして、正しく伝えられていない一面もある。

本書は、このような沖縄戦における住民問題、特に住民の疎開・避難を中心にして、防衛召集、スパイ視問題、集団自決問題などについて再検証するものである。

第一章　沖縄県の概要

一、沖縄県の地勢

沖縄県は、日本の最南西端に位置し、南方地域や台湾・中国大陸への連絡路上の要衝であり、鹿児島県の薩南諸島とともに、太平洋と東シナ海の境界を形成する地勢上重要な位置を占める。

沖縄県は、九州の南端から台湾の東北端の間に連なる南西諸島の概ね南半分に位置し、東西約一、〇〇〇km、南北約四〇〇kmという広大な地域に点在する大小、有人無人の一六〇の島からなる。これらの島は、沖縄本島を中核とする沖縄諸島、宮古島を中核とする宮古諸島、石垣島を中核とする八重山諸島、沖縄本島東方の大東島諸島、八重山諸島北方の尖閣諸島などの各諸島に分かれている（宮古諸島と八重山諸島を併せて先島諸島と呼称する）。

この沖縄県域の最北端は硫黄鳥島、最南端は波照間島、最東端は北大東島、最西端は与那国島である。沖縄県の総面積は、二、二五三・五一㎢で、主要な島の面積は、以下のとおりである。

沖縄本島　一、一八八・四〇km²　久米島　五五・六九km²　宮古島　二八四・四四km²
南大東島　三〇・七四km²　石垣島　二二二・〇九km²　伊江島　二二・五五km²
西表島　一五八・三七km²（参考：奄美大島　七一八・一km²　硫黄島　二〇・二八km²）
（『角川日本地名大辞典』四七、沖縄県）

沖縄本島は、南北約一三〇km、平均幅約一〇kmの細長い島で、石川地峡を境にして南北に大きく二分されている。北部は、面積上は沖縄本島の約三分の二を占めるが、山原《やんばる》とも呼ばれるように、標高二〇〇〜五〇〇m級の山が連なる山地帯であり、南部は、概して隆起珊瑚礁からなる丘陵地帯である。

二、沖縄県の人口と食糧米

一九四四（昭和十九）年末の沖縄県の人口は、以下のとおりであった。

総人口　五九〇、四八〇人（男二六五、五三〇人、女三二四、九五〇人）
沖縄本島地区　四九二、一二八人（男二一九、七八六人、女二七二、三四二人）
宮古地区　五〇、七九九人（男　二三、一八八人、女　二七、六一一人）
八重山地区　四七、五五三人（男　二二、五五六人、女　二四、九九七人）
（沖縄朝日新聞社編『沖縄大観』）

沖縄本島地区は、約四九万人のうち、約三四万人が南部の中頭郡と島尻郡に住み、約一二万人が北部の国頭郡に、約三万人が周辺の島（大東島、伊平屋島、伊是名島、伊江島、粟国島、久米島、渡名喜島、慶良間諸島など）に住んでいた。

沖縄県の米の生産高は約一三万石で、食糧米の年間需要量約三六万石の三分の一程度であったので、台湾から約二〇万石移入するとともに、不足分は内地米、朝鮮米、外米などを移入していた。戦争の経過とともに、米の移入量が減少したため、甘藷《さつまいも》が代用食として使用された。甘蔗《さとうきび》畑を甘藷畑に切り替えて、甘藷を増産し、食糧の確保を図っていた。

三、行政機関

沖縄県は、那覇市と首里市の二市および国頭・中頭・島尻・宮古・八重山の五郡（五町五〇村）ならびに大東島（村政は布かれず製糖会社が行政事務を担当）からなっており、国頭・中頭・島尻の各郡には地方事務所が、宮古郡および八重山郡には支庁が置かれていた。

県庁行政組織は、官房・内政部・経済部・警察部および前記の三地方事務所と二支庁からなっていた。沖縄戦当時の市町村は、図1のとおりであった。

住民の疎開・避難などを直接担当するのは、警察部の特別援護室（一九四五年二月に内政部人口課となった）と各警察署および各支庁・各地方事務所である。内政部の教学課・経済部の食糧配給課・警察部の輸送課と警防課なども、前記の組織に協力して疎開・避難業務を推進していった。

図１　沖縄本島の市町村（沖縄作戦時）
（前掲『角川日本地名大辞典』47　沖縄県）

（1）特別援護室（後の人口課）

一九四四年七月のサイパン陥落後、政府の県外引き揚げ命令に基づき、県外疎開業務実施のため、警察部に特別援護室が新設された。新設時期は明確でないが、当時の関係者（特別援護室勤務の仲兼一雄・崎山嗣順・名嘉原知光・防空総本部川島三郎）の証言を総合すると、七月下旬であると判断される。特別援護室長には、九州出張中の内政部調査課長浦崎純が任命（兼務）され、室員には主に警察部から、以下の職員が兼務することになった。

警察部特高課　警部　謝花喜福　　警察部刑事課　警部　川上親美
警察部特高課　警部補　仲兼久一雄　　警察部警防課　警部補　宮里徳英
警察部経済保安課　警部補　比嘉則夫　　警察部経済保安課　巡査部長　崎山嗣順
内政部兵事厚生課　県属　名嘉原知光

（浦崎純『消えた沖縄県』）

特別援護室は、老幼婦女子を県外に疎開させる一般疎開を担当し、国民学校の学童を集団で県外へ疎開させる学童疎開は、内政部の教学課が担当した。

九州への疎開事務を円滑に実施するために、以下のように県職員が派遣された。

福岡県　九州地方行政協議会事務局内沖縄県事務所　備瀬智煌
鹿児島県　沖縄県職員派遣事務所　仲間智秀
宮崎県　同　新垣茂治

熊本県　　　　　　　同　　　　　　　　　　　仲尾次嗣善

一九四五年二月、北部国頭地方への本格的避難が計画実施されることになり、同月十一日、特別援護室は廃止され、内政部に人口課が設置されて県外疎開と県内避難を担当し、課長に室長の浦崎純が任命され、課員として以下の職員が配置された。

県属　金城鎌吉　　県属　国吉喜盛　　県属　玉城美五郎　　県属　宇座徳記

視学　永山寛　　　視学　名嘉山興真

（前掲 浦崎『消えた沖縄県』）

（2）警　察　署

各警察署は、それぞれ管内住民の疎開指導・避難誘導・保護・治安の維持などに当たり、疎開・避難の実施の主役として活躍した。

一九四五年三月二十五日、県は北部への大量避難に対処するため、大宜味村塩屋に、塩屋警察署を新設した。同署は、これまで名護署が管轄していた国頭村・大宜味村・久志村・東村を管轄することになった。各警察署長は、以下のとおりである。

警察部長　荒井退造

那覇警察署長　　警視　具志堅宗精

首里警察署長　　警部　高嶺世太

糸満警察署長　　警部　上原敬和

与那原警察署長　警部　大田朝信
嘉手納警察署長　警部　島袋慶輔　↓　一九四五年二月　警部　座波嘉保
名護警察署長　警部　↓　一九四五年二月　警部　新城長保
渡久地警察署長　警部　国吉真優
宮古警察署長　警部　新城長保　↓　一九四五年二月　警部　島袋慶輔
八重山警察署長　警部　平良専紀
塩屋警察署長　警部　幸地長恵

（沖縄県警友会編『創立三〇周年記念誌』）

（3）地方事務所・支庁

地方事務所は、一九四二年七月、県の出先機関として、国頭・中頭・島尻の各郡に設置された。増加する国政・県政事務の徹底と、市町村行政の監督・指導を強化するために、知事の補助行政機関として設置されたもので、主要物資の増産・供出・配給、労働力調整、兵事、軍事扶助、町内会・部落会の整備指導などをその任務とした。

所長の下に、総務課・経済課・兵事厚生課の三課が置かれ、疎開・避難業務は総務課が担当した。各地方事務所の所在地および所長は、以下のとおりである。

国頭地方事務所（名護町）　比嘉良啓　↓　一九四四年十一月　仲村兼信
中頭地方事務所（宜野湾村普天間）　城間恒昌　↓　一九四四年十一月　伊芸徳一

島尻地方事務所（那覇市）　　仲村兼信　↓　一九四四年十一月　新崎寛政

（仲村兼信『沖縄警察とともに』）

宮古・八重山には、それぞれ支庁が置かれ、支庁長の下に、総務課・経済課・学務課の三課が置かれ、地方事務所と概ね同じ業務を担当した。

（4）食糧配給課・沖縄食糧営団

一九四二年七月政府は、食糧の確保と経済の安定を図るため「食糧管理法」を制定した。この法律に基づき、沖縄県では同年十一月、沖縄食糧営団を設立し、その業務を開始した。食糧営団は、主食の米、準主食の芋および小麦粉などの配給業務を担当した。その組織は、以下のとおりである。

理事長・理事の下に、庶務課・企画課・経理課・仕入課・配給課・運輸課・甘藷課の七課が置かれ、さらに、出張所八カ所（那覇・首里・真和志・糸満・与那原・泡瀬・名護・渡久地）および支所二カ所（宮古・八重山）が置かれた。また、各出張所・支所の下に総計六二四カ所に配給所が設けられた（『那覇市史』資料編、第二巻、中の六）。

食糧営団は、食糧の生産状況と移入状況に基づき、人口に応じて市町村への配給量を割り当て、これを配給所まで輸送した。市町村民への配給割り当ては、市町村が行い、市町村民はこの割り当てにより、配給所で配給を受けたのである。

逼迫する食糧事情に対処して食糧の配給統制を強化するとともに、食糧営団の指導監督を行うため、県は一九四四年七月、経済部農政課食糧配給係を、食糧配給課に昇格し、課長に呉我春信、主任属に古堅文太郎が就任した。食糧配給課は、食糧の取得・配給について計画し、その実施は前述の食糧営団に担当させた。

四、戦場地域の行政責任

(1)「戒厳令」は宣告せず

沖縄戦に際して、軍は戒厳について検討していたが、「戒厳令」は宣告されず、行政責任は最後まで県知事に委ねられた。沖縄に「戒厳令」を宣告すれば第三二軍司令官は、沖縄地区の行政事務・司法事務を管掌し、強権を保持することになるが、当時、県市町村の軍に対する協力態勢が良好であり、一般県民も本土防衛のため玉砕も辞さずという思潮であったので、強いて強権を発動することをしなかった(「沖縄作戦の総合的教訓」陸上自衛隊沖縄戦史研究調査団、一九六一年三月)。

また第三二軍としても、行政に関する専門幕僚もいない状況で戒厳を実施すれば、複雑多岐な行政面で多大の負担が掛かるとみて、実施を避けたものと考えられる。事実、米軍上陸の二カ月前の一九四五年一月三十一日、軍司令官・参謀長・各部長・幕僚などが集まり、戒厳に関する検討を行っているが、結局、戒厳宣告を具申するに至らなかった。

このため、第三二軍司令官は、戦場地域の住民の避難・保護に対する最終的責任を形式的には持たないことになった。住民の避難・保護に対する最終的責任は、あくまで県知事にあるという形式が貫かれたのである。しかし、これは、軍の責任回避であるとも考えられる。

戦場という苛酷な現実の中では、一切の責任を以て作戦を遂行するのが、軍司令官の責務である。知事の責任とすることにより、指揮の統一を欠き、被害の増大を招くことになる。

帝国憲法第一四条の戒厳大権に基づく戒厳宣告、すなわち軍事戒厳宣告が実施されたのは、日清戦争時の広島、日露戦争時の長崎・佐世保・対馬・函館・澎湖島・台湾の七カ所である。しかし、これらはいずれも、「臨戦地境」としての戒厳であり、戦場地域の「合囲地境」としての戒厳ではなかった。この点、沖縄戦は、合囲地境戒厳が適用される条件を備えていたし、軍司令官に戒厳宣告の権限もあったのであるが、前述したように、第三二軍司令官は「戒厳令」を宣告しなかったのである。

(2) 国土戦の研究・準備不足

日本陸軍は、一八七七(明治十)年の西南戦争以後、国土での戦いを経験したことがなく、また、日露戦争後は、外征作戦によって国土を防衛するという国防方針であったため、住民を包含して戦うという国土戦について、十分な研究を行わなかった。従って、この点やむを得ない面もあるが、沖縄戦においては、住民に対する配慮に欠ける点が、多々生じたのも事実であった。

一方、官・民においても、住民を巻き込んだ国土戦など、全く念頭になく、国土戦における官民の行動などについて、研究・教育・指導・訓練など実施されず、精々防空訓練を実施する程度であった。バケツリレーに代表される消火訓練や避難・救護訓練が、各市町村の各町内会単位で実施されたが、これらは敵機の空襲に対処するもので、本格的な国土戦に対するものではなかった。

五、住民感情

全般的には、沖縄県民の穏やかな性格上、軍との協力関係は良好で、軍民間で大きな支障を生ずるようなことはなく、約六〇万の県民が一体となり、軍に協力し、沖縄戦を戦ったのである。しかし、前述したように第三二軍は、行政を知事に委ねて作戦に没頭し、作戦第一主義に徹したため、行政に対する十分な配慮と関心を持つだけの余裕がなく、またその能力もなく、結局、行政を圧迫したり、住民に不快感・悪感情を抱かせる事象も発生した。一部の将兵の行き過ぎた行動も、住民感情に悪影響を与える結果を招いたのである。その代表的な事象として、次のようなものがある。

(1) 多数の防衛召集

第三二軍は、後述するように、兵力増強のため、「陸軍防衛召集規則」に基づき、年齢一七~四五歳の男子および一四歳以上の男子中学生で志願する者を含めて、約二万五〇〇〇人を防衛召集した。働き盛りの者が、多数防衛召集されたため、住民の生産活動や疎開指導その他市町村の共同活動を阻害・低調化し、一面において住民の協力意識を低下させる結果を生じさせた。

（2）　第九師団の台湾転出

第九師団は、第三二軍に編入された沖縄本島守備師団三個師団（第九・二四・六二師団）の中で最も早く、一九四四年七月十一日に沖縄に到着し、守備に就いた師団である。第二四師団は、約一カ月弱遅れの八月初旬、第六二師団は、さらに半月遅れの八月二十日であった。

伝統があり、軍紀厳正な歴戦の精鋭師団として知られている第九師団を迎えた住民は、安堵して郷土防衛に協力できると、心に期していた。さらに、同年秋には、初年兵として現地の壮丁の多数が徴集されて、同師団に編入されたので、地元住民は、我が子とともに郷土を守るのだという意識を強め、より一層、同師団に対する信頼感を高めていたのである（馬淵新治「沖縄戦における島民の行動」防衛研究所所蔵史料）。

ところが、急に同師団が台湾に転出されることになり、同師団に信頼感を抱く地元住民にとっては、大変な驚きであり、相当深刻な影響を受けたのである。なぜ第九師団を台湾に転出させるのか、軍は沖縄を軽視しているのではないかとの疑問を抱き、さらには内心、軍への不信感を抱く者が、特に指導者階級に発生したのである。

（3）　将兵の横暴に対する反感

日本軍将兵の多くが、満州事変・支那事変と長期間大陸で戦い、清国時代の民度の低い中国人民衆に接し、戦場地域の住民に対する配慮を欠く行動をする者が散見された。このような将兵の存在する部隊が、引続き沖縄に転用され、さらに言語・風俗・習慣に差異のある沖縄の特殊性に接し、処々で住民とのトラブルを起し、住民感情を悪化させる事態を招くようなことが発生したのである。

一般民家に泊まり、若い娘や未亡人との間に忌まわしい問題を起したり、辻遊郭で日夜飲み騒いだりして、住民の反感を買い、あたかも外国軍隊が駐留しているのではないかと錯覚するようなこともあったのである（前掲 馬淵「沖縄戦における島民の行動」）。

第三二軍としても、軍紀を厳正にして住民の協力が得られるように、将兵に対する指導の強化を図ったが、末端まで完全には徹底しなかった。軍において軍紀風紀上特に留意指導した主要な事項は、次のとおりである。

a　軍民居住の分離
b　警衛勤務の厳正
c　敬礼の厳正
d　爆薬の保管取扱
e　車両事故防止

f　農作物の保護
g　婦女子に対する態度
h　飲酒の戒心
i　外出時の行動注意

（陸上自衛隊沖縄戦史研究調査団「沖縄戦の観察」一九六一年、防衛研究所所蔵史料）

これらの取締のために、特に巡察を頻繁に行い、賞罰を明らかにし、会報で注意を喚起している。特に、婦女子に対する犯罪に関しては極刑をもって臨むと通達し、これが絶滅を期するとともに、特殊慰安所を設けて、犯罪の防止を図っているのである。

一方、住民も、軍の要請に応え、積極的に軍に協力したが、一部将兵の行き過ぎた行為が、住民との摩擦を生じ、反感を抱くような結果を招く事象が処々で発生したのである。

六、行政責任者等の県外脱出

一九四四年七月、頼みとする絶対国防圏の一角サイパン島を失陥し、米軍の沖縄侵攻の可能性が高まり、沖縄防備が強化されるとともに、沖縄県民の疎開が進められていった。この県民疎開が本格化するに連れ、行政責任者である県や市町村の指導者および学校教職員や民間会社団体の職員の中から、出張等の名目で県外へ脱出する者が増えてきた。そのほとんどが、本土出身であったが、地元沖縄出身者もいた（『沖縄新報』一九四五年二月二十一日）。

明治以降、一九四五年の島田叡知事まで、沖縄県の長である県令、その後の県知事に就任した沖縄県出身者は一人もいなくて（『沖縄県史』第二巻）、しかも県の主要職もその多くを、本土の官僚が占めるという状況で、戦後になって、初めて沖縄県人が県の長に就任するという、差別化された行政組織で、戦争を迎えた結果、本土への脱出者が出てきたのである。

以下、沖縄タイムス社編『鉄の暴風』、山川泰邦『秘録沖縄戦史』、浦崎純『消えた沖縄県』、『那覇市史』、野里洋『汚名』などに記されている県外脱出者の例を挙げてみる。

その筆頭は、県の最高責任者であった泉守紀県知事である。泉知事は出張の名目はあったけれども、軍との協力関係も良くなく、人望に欠けるところがあり、事前に転出を工作していたとも言われている。一九四四年十月十日の空襲で、普天間の壕に逃避して、空襲後も県庁に帰らず、県民の信頼を一気に失ってしまった。空襲恐怖症になり、後に香川県知事に転任した時も、その意識は変わらなかった。知事交代は、第三二軍からも要請があり、一九四五年一月、大阪府内政部長の島田叡が、知事に任命され就任した。

県庁の三部長の内、牧経済部長は病気療養で、伊場内政部長は公用と称して、ともに本土に帰っており、荒井警察部長が一人頑張っていた。官房長は、伊場内政部長の兼任であった。このように、島田知事を補佐する部長クラスは、荒井警察部長一人であった。

課長クラスでも、西郷衛生課長をはじめ、水産課長など他にも脱出者がいた。また県会議員でも、疎開地視察と称して帰らなかった者もいた。富山那覇市長も疎開地視察と称して沖縄を去っていった。中等学校教員数名も、無断で沖縄を去り、懲戒処分を受けた。

このような状況のなか、島田知事は、「決戦下官吏は率先陣頭にたつべきは勿論である。もし戦闘離脱者がいたら断固処分する」と表明し、荒井警察部長も、「非該当者の立退及び疎開は、明らかに戦列離脱であり、厳重取締りを要する」と記者団に語った。このように、知事も警察部長も、行政組織機能が万全でなく、部分的に欠落した苦しい状態で、米軍の上陸を迎えたのである（『沖縄新報』一九四五年二月二十一日）。

第二章　沖縄戦の経過概要

一、第三二軍の作戦準備

(1)　軍隊の配置（戦史叢書『沖縄方面陸軍作戦』）

一九四一（昭和十六）年九月、中城湾臨時要塞（沖縄本島）および船浮臨時要塞（西表島）が設置され要塞重砲兵聯隊が配置されるまで、沖縄県には、徴兵事務などを担当する聯隊区司令部以外の陸海軍部隊は配置されていなかった。

一九四四年二月、マーシャル諸島が失陥し、トラック島が大空襲を受け、大本営陸海軍部は南西諸島および台湾方面の防衛強化に着手し、陸軍は同年三月二十二日、南西諸島防衛のため新たに第三二軍を編成し、海軍は四月十日、沖縄方面根拠地隊を創設した。

第三二軍は、大本営直轄として、北緯三〇度一〇分以南、東経一二二度三〇分以東の南西諸島（トカラ諸島・奄美諸島・沖縄諸島・宮古諸島・八重山諸島）の防衛任務が与えられ、隷下には中城湾要塞・船浮要塞・奄美大島要塞などの要塞守備部隊および飛行場建設部隊などが編入された。

一九四四年七月のサイパン島失陥に伴い、大本営は「捷号作戦」準備を令し、決戦態勢の確立をめざした。これによって第三二軍も戦力が強化され、四個師団（第九師団・第二四師団・第二八師団・第六二師団）および五個旅団を基幹とする強力な軍になった。軍司令官には牛島満中将が、参謀長には長勇少将（後に中将）が新たに任命された。

これらの部隊のうち、第九・第二四・第六二師団および独立混成第四四旅団が沖縄本島に、第二八師団・独立混成第五九旅団および同第六〇旅団が宮古島に、独立混成第四五旅団が石垣島に、歩兵第三六聯隊（第二八師団）が大東島に、独立混成第六四旅団が奄美大島地区に配備され、各部隊は陣地構築、飛行場建設などの作戦準備に鋭意邁進した。

一九四五年一月、第九師団が台湾に転出し、沖縄本島の戦力が三分の二に低下した。第三二軍は、この兵力不足に対処するため作戦計画を根本的に更改して、海岸地区における決戦方針から内陸地区における戦略持久方針に転換し、配備を大幅に変更した。

第三二軍は、第九師団の抽出による作戦計画の変更に伴い、配備を変更し、軍主力を中頭郡の南部と島尻郡に集約し、敵が島尻地区の海岸に上陸してくる場合は、敵の上陸を海岸地区で破砕し、中頭地区の海岸に上陸する場合は内陸の陣地で戦略持久することに決した。このため、これまでの約半年間、死所と定めて営々として構築してきた陣地を捨てて新たな配備に就き、再び新陣地の構築や軍需品の集積などに努めた。最終的な配備は図２のとおりであり、第六二師団を首里周辺地区に、第二四

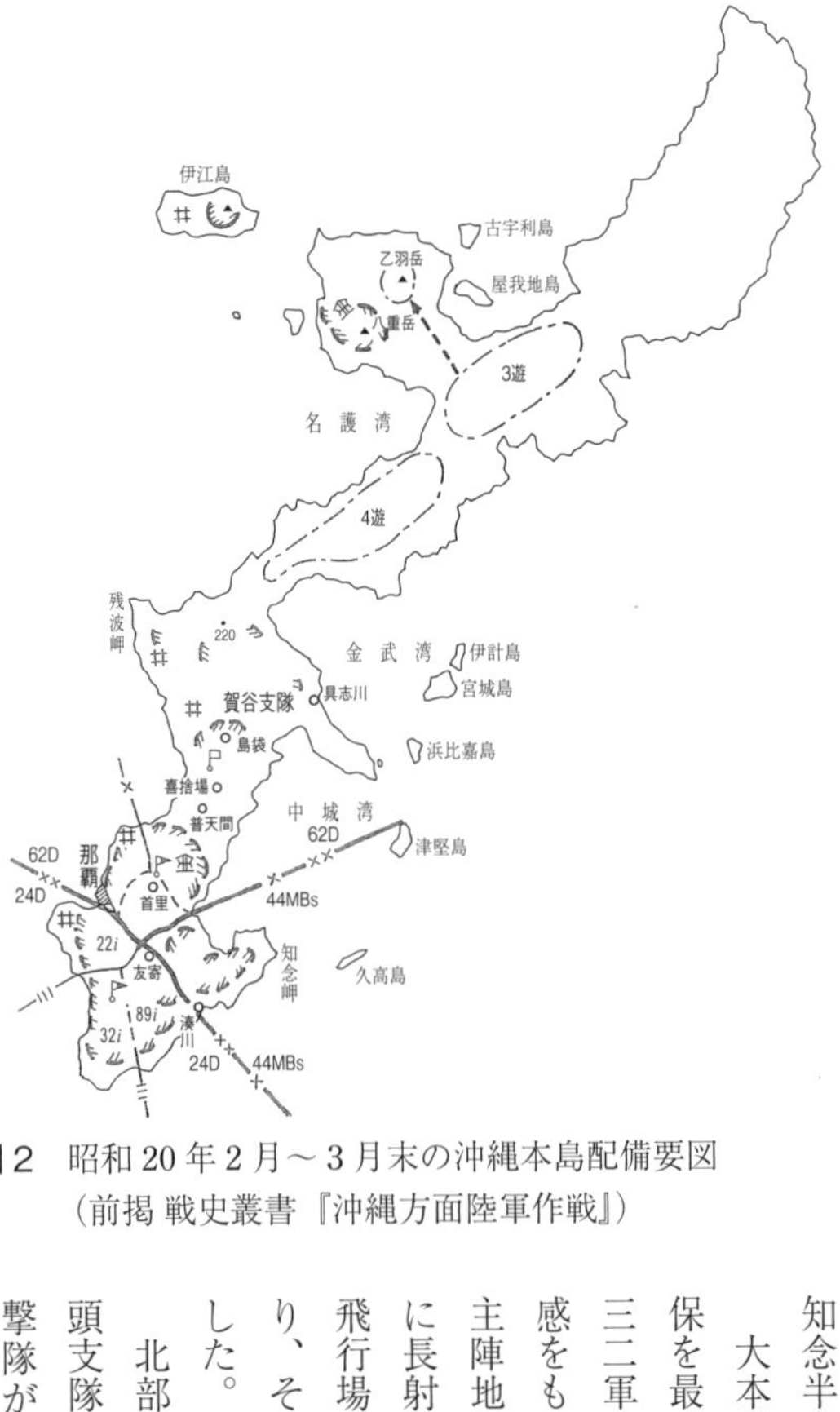

図２　昭和20年２月～３月末の沖縄本島配備要図
（前掲 戦史叢書『沖縄方面陸軍作戦』）

師団を南部喜屋武半島地区に、独立混成第四四旅団を知念半島地区に配備した。

大本営は、航空基地の確保を最重視していたが、第三二軍は、航空作戦に不信感をもち、北・中飛行場は主陣地外に置き、主陣地内に長射程砲二門を配置して飛行場を射撃することにより、その使用を妨害するとした。

北部の国頭地区には、国頭支隊および第三・第四遊撃隊が配置された。また、米軍の上陸部隊をその背後から奇襲攻撃するために、海上挺進隊が慶良間諸島・本島東海岸などに配置された。海軍は、沖縄方面根拠地隊を設置した。

（2）陣地構築

米軍の強大な火力に対抗するため、陣地構築上、地下洞窟陣地・反斜面陣地などが重視された。地下洞窟陣地は、強力な砲爆撃に対し損害を極限し、また組織的戦闘終了後も、残存部隊が潜伏して遊撃戦を続けるのに役立ち、長期持久を可能にした最大の要因となった。反斜面陣地も敵の火力による損害を少なくするのに十分な効果があり、その代表的な戦闘が嘉数の戦闘であった。

陣地編成は、陣地を横一線に並べるのではなく、中隊以下の独立拠点を縦深横広に分散配置し、側方・背後から不意急襲射撃を浴びせようとするものであった。

このような陣地構築も、公有地でなく私有地の場合、私有権の問題があり、これを法制的に解決するため、「軍事特別措置法」が制定された。この法律は、米軍の本土上陸に備えて一九四五年三月二十八日に法律第三〇号として公布されたが、米軍の沖縄本島上陸、内閣の交代などがあり、その施行令は五月三日に裁可され、施行は五月五日となったのである。従って、沖縄戦はすでに始まっており、間に合わなかった。このため、軍と所有者と通常の契約か、暗黙の了解か、談合により、陣地構築が実施されたと考えられる。

本来このような法制的準備は、一九四四年七月のサイパン島を失陥した時から、実施されるべきであったが、第一章四項で述べたように、外征作戦により国土を防衛するという方針であったため、国土で作戦するということは想定しておらず、研究・準備などがされていなかったので遅れてしまった。

（3）兵力の自力増強と住民の戦力化

兵站部隊や飛行場建設部隊および船舶部隊などを歩兵部隊に改編して、第一線部隊に配属あるいは第二線部隊として配置した。

さらに兵力を増強するため、「陸軍防衛召集規則」に基づいて防衛召集を実施し、年齢一七〜四五歳の男子および一四歳以上の男子中学生で志願する者を含め、約二万五〇〇〇人を召集し、第一線部隊および兵站部隊などに編入した。また女子中学生の上級生を、軍属に採用し衛生勤務（看護婦）に充当した。

（4）第三二軍の住民対策

住民対策の中心は、戦場地域の住民の疎開と避難である。「疎開」とは、沖縄県外へ引き揚げることであり、距離的に遠いところに、時間的に長い期間滞在することである。「避難」とは、県内の安全と思われる地区へ移ることで、距離的に比較的近いところに、時間的に短期間滞在することである。

陸軍首脳が、沖縄県民の疎開を考慮し始めたのは、サイパン陥落が迫った一九四四年六月末である。大本営陸軍部は、沖縄の第三二軍へ長勇少将を派遣し、沖縄の配備のほか、非戦闘員の疎開についての研究を命じ、長少将は七月一日沖縄に到着した。長少将は、大東島・宮古島までにも足を運ぶなど精力的に現地を視察中、七月八日付けで、第三二軍の参謀長に補職された。

第三二軍は、長少将の現地視察を踏まえて、中央に島民の県外疎開を上申した。折しも、サイパン島が陥落し、政府は七月七日緊急閣議を開催し、第三二軍守備地区（鹿児島県奄美大島・沖縄県）の住民を島外に引き揚げさせることを決定し、鹿児島・沖縄両県にその旨を指令した。陸軍もまた、その旨を第三二軍司令官に指示した（「増田繁雄大佐業務日誌」防衛研究所所蔵）。

第三二軍としては、非戦闘員の住民を台湾に送る考えを持っていたが、県と協議の結果、軍隊および軍需品の輸送船の空積みを利用して、大部分を九州方面に、一部を台湾に送ることに決した。疎開者は、非戦闘員の老幼婦女子で、その数は県と協議の過程で約一〇万人と予定した（内務省「警保局長決裁書類」昭和十九年、国立公文書館所蔵）。

沖縄県の特別援護室長・人口課長を歴任した浦崎純は、その著書『消えた沖縄県』で、七月七日夜更け、「本土へ八万人、台湾へ二万人、計一〇万人を引き揚げさせよ」という電報命令を受けたと述べている。しかし、後述するように、一〇万人という人数が具体的に予定されたのは、七月末頃であり、七月七日の時点では、できる限り多くの者を引き揚げさせよということで、具体的な数は示されていないのである。

県外疎開の具体的計画は、内務省・文部省・沖縄県が、関係機関と調整しながら策定していくのであるが、これについては後述する。

島内に残った住民について、第三二軍は一九四四年の夏、沖縄本島内避難計画を策定し、敵の上陸が予想される南半分の沿岸地区の住民は、島の内部に移転し軍の掩護下に入るよう県知事と協定していた（八原博通『沖縄決戦』）。この協定は、史料がなく内容は不明である。

この協定に基づき、県は九月中旬、各部と調整して「県民指導措置要綱」を策定し、県民の避難および退去（安全な地域に移転させること）について指示した。

ところが一九四四年十一月、第九師団が抽出され台湾へ転出することになり、作戦方針は、決戦から持久戦に変更され、大幅な配備変更が行われることになった。このため、住民を軍の掩護下におくことが困難になり、加えて、十二月中旬に中央から「沿岸警備計画設定上の基準」が示されたので、第三二軍は新たに「南西諸島警備要領」を策定し、住民を北部へ避難させるという方針を打ち出した。

第三二軍高級参謀八原博通大佐は、戦後の回想記『沖縄決戦』で、十二月中旬「皇土警備要領」が示達されたと記しているが、これは「沿岸警備計画設定上の基準」のことである。

この「沿岸警備計画設定上の基準」は、一九四四年八月十五日の閣議で決定された「総動員警備要綱」の第四三条に基づき、陸海軍大臣から内務大臣へ提出されたもので、その第三一項に「特ニ必要ナル老幼其ノ他非警備能力者等ニ限リ島嶼内適地ヘノ事前移住ニ関シ措置ス」と示されている。また、第一項に、地方的特性に応じた細部については、軍司令官が地方長官に提示すると示されている。これを図化すると図3のようになる。

従って、第三二軍の策定した「南西諸島警備要領」というものは、ここにいうところの、軍司令官（第三二軍司令官）が地方長官（沖縄県知事）へ提示した地方的特性に応じた細部ということになる。

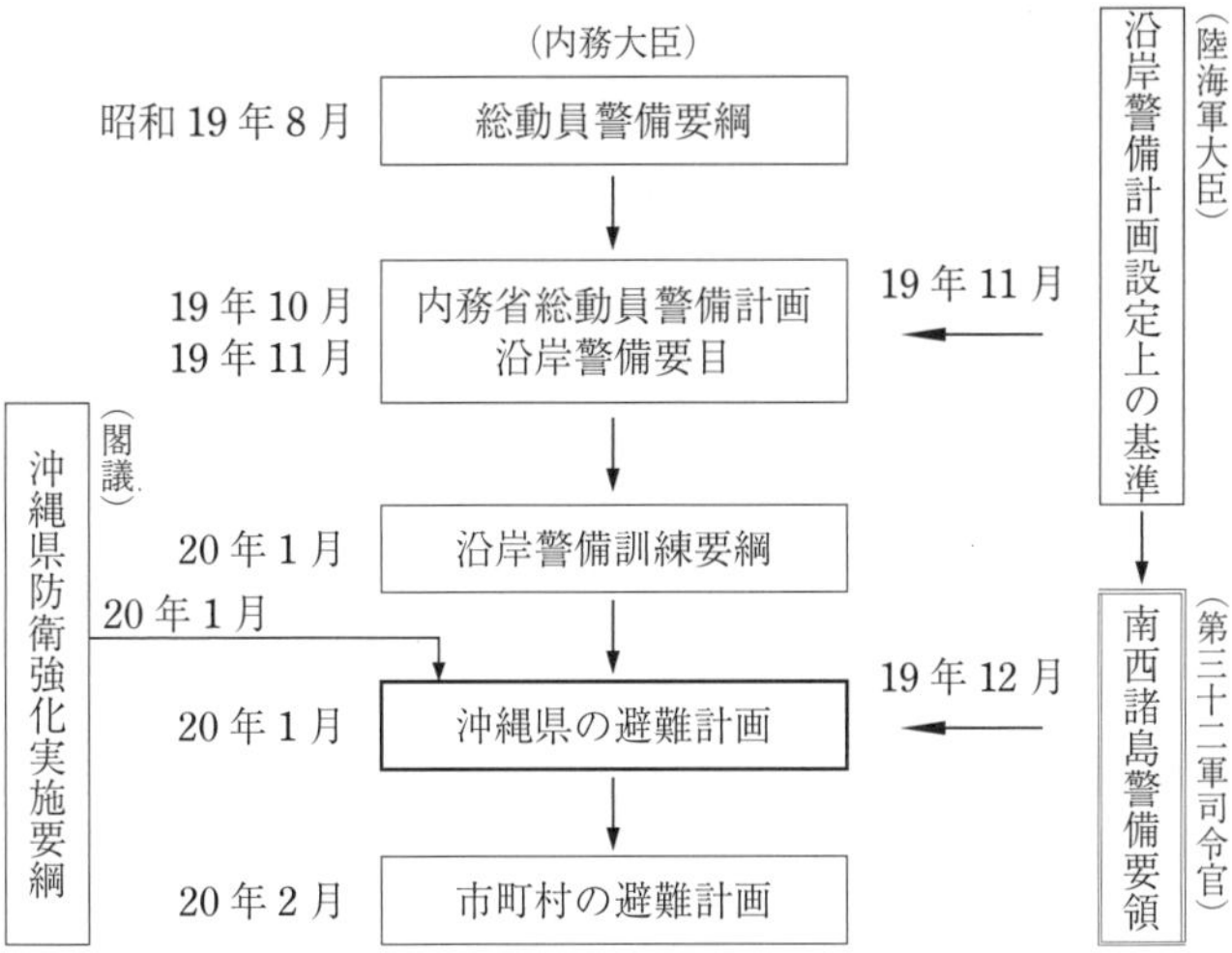

図３　住民避難の計画

この「南西諸島警備要領」に示された沖縄本島の避難要領は、以下のとおりである。

① 凡そ戦闘能力ならびに作業力有る者は、挙げて戦闘準備および戦闘に参加する。

② 六〇歳以上の老人、国民学校以下の児童ならびにこれを世話する女子は、昭和二十年三月末までに、戦闘を予期しない島の北部に避難する。

③ 各部隊は、所属自動車その他車両、舟艇をもって、極力右疎開を援助する。

④ 爾余の住民中、直接戦闘に参加しない者は、依然戦闘準備作業、農耕、その他の生業に従事し、敵の上陸直前、急速に島の北部に避難する。

⑤ 県知事は、島の北部に避難する県民のために食糧を集積し、居住設備を設ける。

（前掲 八原『沖縄決戦』）

十二月中旬、第三二軍はこの「南西諸島警備要領」について県側と協議会を開催し、軍の意図するところを説明した。県側は、多数の県民を北部に避難させることに驚いたが、これを受けて、後述するような、北部の国頭地方への避難計画を策定した。疎開しないで残った一般住民は、島田知事の指導の下、軍に協力して、陣地の構築、兵站物資の集積などを支援し、大いに軍の作戦準備に貢献した。

戦闘開始後の住民避難については、第三二軍としても戦況の推移を予測できなかったため、具体的指針を県側に示しておらず、従って県側も戦闘状況に応じた避難計画を策定するに至らなかった。このため、首里戦線が崩壊したあと、多くの住民が軍と共に南部に後退し、悲惨な結末を迎えることになったのである。

二、戦闘経過

(1) 戦闘経過の概要

沖縄方面は、一九四四年九月二十七日および十月三日に、沖大東島が敵機によって銃撃を受けた以外空襲を受けることはなかった。しかるに同年十月十日、米軍機動部隊が来襲し、艦載機延九〇〇機が五次にわたって、沖縄本島の飛行場・港および那覇市街を空襲した。この結果、那覇市街は大部分を焼失し、人員・航空機・船舶・弾薬・食糧など多大の損害を受けた。那覇市民のほとんどは、一時、

表1 米軍機の来襲状況(1945年)

	沖縄本島	宮古島	石垣島	大東島	徳之島	奄美大島
1月 3日	約50機	少数機	少数機	−	−	−
1月 4日	約30機	−	−	−	−	−
1月21日	約20機	延36機	8機	−	−	−
1月22日	延780機	約20機	8機	2機	12機	5機
3月 1日	延670機	延60機	12機	延92機	延149機	延239機

(前掲 戦史叢書『沖縄方面陸軍作戦』)

周辺地域および北部へ避難した。

この日、宮古島には延三二機、石垣島には八機、大東島には延一八機、徳之島には延五〇機、奄美大島には延五〇~六〇機が来襲し、飛行場や港に停泊中の船舶などを攻撃したが、大きな損害はなかった。その後、翌一九四五年に入っての主な来襲状況は表1のとおりである。

このような空襲を受け、一般住民も戦局の苛烈さを認識し始め、県の計画に基づき九州・台湾への疎開、さらには本島北部への避難を開始したのである。一九四五年三月中頃までに、本土の九州へ疎開した者は約六万人、台湾へ疎開した者は約二万人、本島北部国頭地方へ避難した者は約三万人であった(前掲 浦崎『消えた沖縄県』)。

米軍機動部隊は、三月二十三日から沖縄方面を空襲、二十四日からは艦砲射撃を開始し、二十六日には慶良間諸島に上陸、遂に四月一日、四個師団をもって本島中部の嘉手納海岸に上陸を開始した。以後の戦闘経過は、図4のとおりである。

三月二十四日、艦砲射撃を受けるや、一般住民は続々と北部国頭地方へ避難を始め、米軍上陸前夜の三月三十一日の夜まで、連日連夜避難民の列は続き、結局この一週間で約五万人が北部へ避難した。空襲

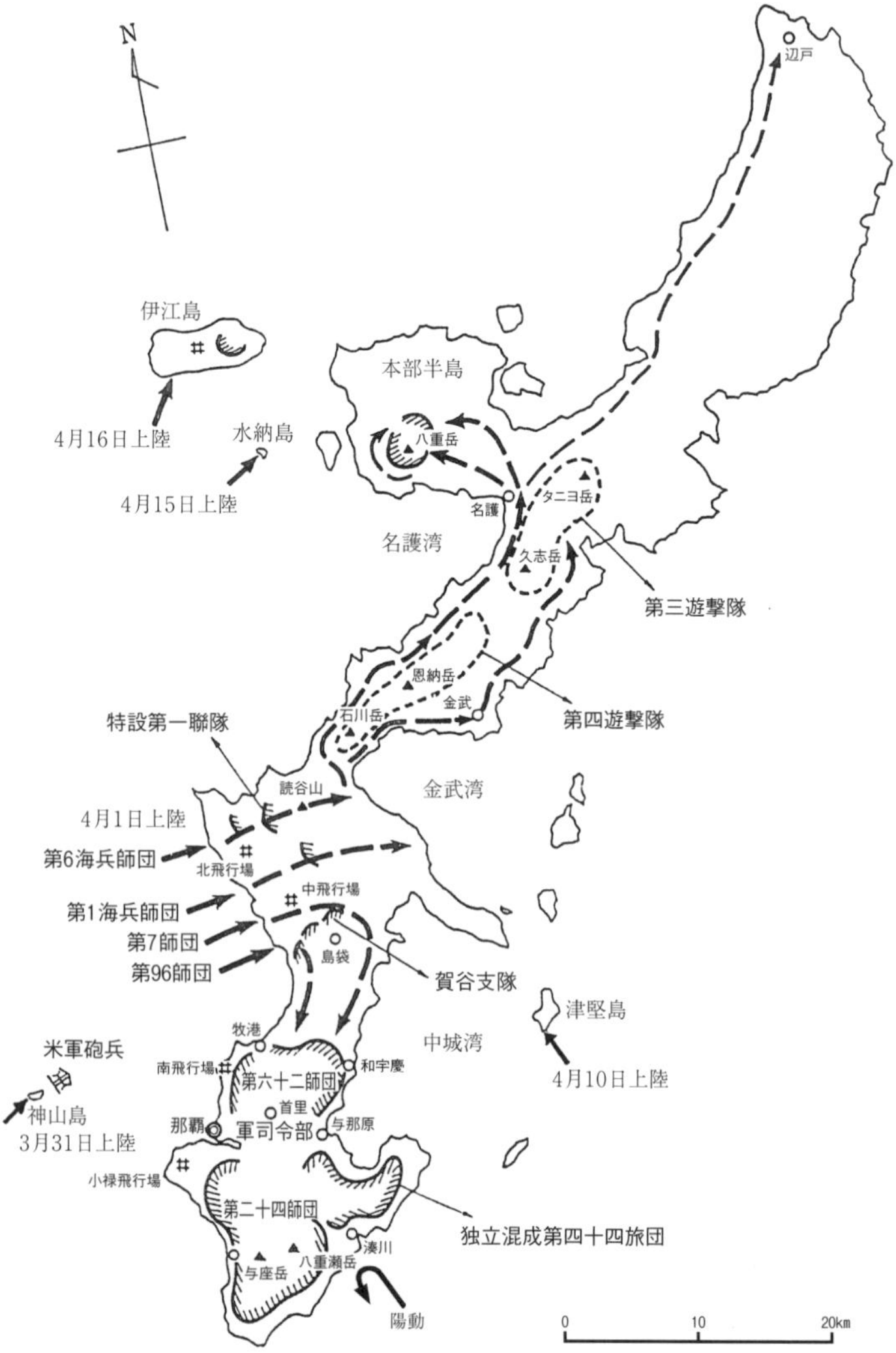

図４　米軍の上陸とその後の戦闘（前掲 戦史叢書『沖縄方面陸軍作戦』）

以後の避難を合わせると計約八万人が北部へ避難したのである。

米軍の上陸正面には、賀谷支隊などの警戒部隊が配備されているに過ぎなかったため、米軍は容易に上陸し、一気に北・中飛行場を占領、四月三日には東岸まで進み、本島を南北に分断してしまった。

引き続き四月四日以降、第六二師団の守備する主陣地帯に対する攻撃が開始され、同師団は善戦敢闘したが、優勢な米軍の攻撃の前に多大の損害を出し、遂に四月二十三日、南部の守備に就いていた第二四師団を、前線に投入し守備を固めることになった。

五月四日、軍主力をもって攻勢に転じたが、米軍火力に圧倒されて損害が続出したため、翌日攻勢を中止し、持久防御の態勢に復した。その後も軍は、首里付近の確保に努めたが、優勢な米軍の戦力に圧倒され、遂に南部に後退して与座岳～八重瀬岳を中核とする陣地で、最後の戦闘を行うことに決し、軍は五月末から南部へ後退を開始、六月四日頃までに概ね新配備に就いたのである。

これにともない軍は、首里以南の住民に対し、知念半島地区へ避難するよう指示したが、すでに米軍が知念方面に進出中であり、このためほとんどの住民は、軍のいる南部の陣地地域に避難した。南部では、軍と住民が混在した中で戦闘が展開され、軍民ともに多大の損害を出した。

六月二十二日未明、牛島満軍司令官および長勇参謀長は、摩文仁の洞窟で自決し、軍の組織的戦闘は終了した。なお、局所においては更に戦闘が続いたが、米軍は八月初旬までに、南部・北部とも掃討を終えた。生き残った軍人・住民は、米軍に収容された。

※牛島満軍司令官と長勇参謀長の自決日について

牛島軍司令官と長参謀長の自決は、一般に六月二十三日と言われているが、米軍の史料や関係者の証言から、実は六月二十二日であると、ドキュメンタリー作家上原正稔の『沖縄戦トップシークレット』に述べられている。筆者自身も、両将軍の死体を検分した萩之内清憲兵大尉に直接聞き、また文書でも回答頂き、さらに米軍の史料でも確認し、その結果、六月二十二日であると結論した。戦史叢書『沖縄方面陸軍作戦』には、萩之内憲兵大尉の記録を根拠に、六月二十三日と記されているが、萩之内氏に確認したところ、この記録は自分の筆跡ではなく誰かが書き換えたものであり、自分ははっきりと六月二十二日と書いたと証言した（一九八六年九月二日付の萩之内清氏の筆者あての私信）。当時米軍が撮った写真にも、六月二十二日と書かれた両将軍の墓標が写されている。このことから判断して、牛島軍司令官と長参謀長が自決したのは、六月二十二日であると判断し、結論した。

（2）　第三二軍の作戦第一主義

第三二軍は、行政を知事に委ねて作戦に没頭し、作戦第一主義に徹したため、住民に対する配慮を欠き、住民の不信感を招き、更には、住民の犠牲を大きくする結果を招いた。その代表的例が、第九師団の台湾転出であり、最終段階での首里から南部摩文仁への撤退である。第九師団の台湾転出が、沖縄県民に与えた影響については、第一章五項で述べたとおりであるので、ここでは述べない。

作戦の終末段階の五月下旬、第三二軍は首里を放棄して南部摩文仁に後退した。これは、八原高級参謀の作戦第一主義が、最も典型的に現れた作戦であった。八原高級参謀は「本土決戦を少しでも有利ならしめるためには、喜屋武半島後退案こそが最も現実的で、軍本来の作戦目的にも適うものだ」と主張し、軍司令官も参謀長もこの意見に同意し、南部喜屋武半島へ後退することになった（前掲八原『沖縄決戦』）。

この後退作戦に伴い、軍は首里以南の住民に、知念半島に避難するよう指令した。一カ月前の四月下旬には、首里周辺の住民は、南部へ避難するよう指令されていたので、多くの住民が南部へ避難をしていた。その地域へ軍が後退して戦闘するというのである。このため住民に知念半島へ避難せよとの再指令を発したが、この指令は徹底されず、後述するように、結局、軍と住民が混在した状況で米軍の攻撃を受け、第四章二項に示す表10（一〇五頁）のように、多大の犠牲者を出した。

第三二軍が、南部へ後退することなく、首里周辺で戦いを終えていれば、このような住民の犠牲は発生しなかったであろう。結局軍は、本土決戦の時間的余裕を少しでも稼ぐことを最優先し、住民の多大の犠牲は、次等なものになったのである。高級参謀が、作戦第一主義的な案を立てるのは、一面で理解できるが、軍司令官・参謀長は、高級参謀の作戦第一主義的案を、そのまま承認することなく、大局的・総合的見地から判断すべきであったのではなかろうか。

（3）　戦没者数からみた沖縄戦

沖縄戦における戦没者数は、正確には判明していないが、総合的にみて妥当と思われるのが『沖縄県史』第一巻の以下のような数値である。

①一般住民　　三八、七五四人
②同上（戦闘協力者）　　五五、二四六人　　①と②の合計　九四、〇〇〇人
③沖縄県出身軍人軍属　　二八、二二八人
④県外の日本軍人　　六五、九〇八人　　③と④の合計　九四、一三六人
合計　　一八八、一三六人　（米軍将兵　一二、二八一人）

沖縄県民の戦没者は、①と②と③の合計一二二、二二八人であり、軍人・軍属以外の一般住民は、九四、〇〇〇人である。

大田昌秀『これが沖縄戦だ』・『総史沖縄戦』に、沖縄県民の戦没者は一五万人と記しているが、これは、①と②の合計に、③を加えるべきところを、②を加えるというミスを犯しているのである。

また、沖縄本島南部に建設されている「平和の礎」に刻まれている沖縄県出身戦没者数は、満州事変以後において中国大陸や南方地域などで戦没した沖縄県出身者、すなわち沖縄戦以外で戦没した沖縄県出身者も含まれているので、注意を要する。

ここでいう戦闘協力者とは、軍人・軍属以外で、「戦傷病者戦没者等遺族援護法」（以後「援護法」と略称する）の適用を受ける同法第二条第三項第二号の戦闘参加者であり、弾薬・食糧・患者等の輸送、陣地構築、壕の提供などの戦闘協力をしたと認定された者で、具体的には厚生省引揚援護局援護課と琉球政府社会局援護課が、現地調査に基づき協議調整して決定した「戦闘参加者概況表」に示された、

次の二〇事例に該当する者である。

①義勇隊
②直接戦闘
③弾薬・食糧・患者の輸送
④陣地構築
⑤炊事・救護等の雑役
⑥食糧供出
⑦四散部隊への協力
⑧壕の提供
⑨職域（県庁職員・報道関係者）
⑩区（村）長としての協力

⑪海上脱出者の刳船輸送
⑫特殊技術者
⑬馬糧蒐集
⑭飛行場破壊
⑮集団自決
⑯道案内
⑰遊撃戦協力
⑱スパイ嫌疑による惨殺
⑲漁労勤務
⑳勤労奉仕作業

これらの事例が示すように、沖縄戦は、多方面に住民を巻き込んだ悲惨な戦いであったと言えるのである。

なお、この戦闘参加者として援護法の適用を受ける者に、七歳以上（学齢）の児童は含まれるが、六歳以下（学齢未満）の児童は含まれていなかったのであるが、一九八一（昭和五十六）年の十月、学齢未満の児童でも、保護者と一体となって行動せざるを得なかった場合、その実態に応じて、援護法の適用を受けられるようになったのである。

第三章　疎　開

一、県外への一般疎開

（1）　県外疎開方針の決定

沖縄県民の県外疎開（引き揚げ）問題について、具体的に考え始めたのは陸軍中央部であった。沖縄県首脳は、戦況全般の推移を十分知り得る立場になかったため、県民の県外疎開を考えるほどの切迫感を持っていなかった。

一九四四年六月十五日、米軍がサイパン島に上陸し、いわゆる「絶対国防圏」の一角が崩れ始め、陸海軍がサイパン島の奪回を断念した六月二十四日頃、大本営陸軍部第一部長真田穣一郎少将は、「南西諸島女二一万、上／七迄二二万、下／七～上／八二二万、計四万ハ移レル」と日記に記しているように、初めて南西諸島の島民の引き揚げ問題について具体的に考え始めたのである。六月二十八日の陸軍省局長会報において、富永恭次陸軍次官は「小笠原ト硫黄島・沖縄・大東島・先島ノ石垣島土民ヲ引キアゲル様ニシテ居ル。問題ガアルカラ外へ漏レヌ様ニ」と述べている（大塚文郎大佐「備忘録」その八）。

またこの頃、真田第一部長は、沖縄に派遣される長少将に「球ノ非戦闘員（女子供老人）ノ引揚ノ事」について研究するよう指示した（球とは第三二軍の秘匿符号である）。長少将は、木村正治中佐（七月八日付で第三二軍後方参謀となる）を伴って、七月一日那覇に到着し、精力的に現地を視察して廻った。

第三二軍は、おそらく長少将の現地視察を踏まえて、陸軍省に沖縄島民の県外疎開を上申したのであろう。サイパン島が陥落した七月七日の陸軍省課長会報において、軍務課長が「沖縄軍司令官ヨリ国民引揚ゲノ意見具申アリ、本日ノ閣議デ認可スルナラン」と述べているのである。また、翌七月八日の陸軍省局長会報においては、軍務局長が「球兵団地区ノ住民ハ希望ニ依リ地区毎ニ引揚ヲ世話スル事ニナル」と述べている（前掲 大塚「備忘録」その八）。

前述したように浦崎純も、七月七日夜更けに引き揚げの電報命令を受けたと述べている。

これらの発言から判断して、政府はサイパン島陥落の七月七日、緊急閣議を開催し、第三二軍の守備地区（南西諸島の奄美大島と琉球諸島）の住民を、島外へ引き揚げさせることを決定したことは間違いないのである。なお、この決定をした閣議の記録は、国立公文書館にも残っていない。

以上のように、沖縄県の県外疎開は、軍の要請に基づき、政府が決定したもので、この時点では疎開の人数・疎開先などは未だ明確に決められてはいないのである。人数・疎開先などは、その後、内務省・沖縄県が、第三二軍および受け入れ予定の県などと調整しながら具体的に決めていくのである。

（2）県外疎開計画の策定

七月七日夜更け、政府から県民の県外疎開の指令を受けた沖縄県は、それまで、戦争をそれほど身近に感じていなかったので、非常な衝撃を受けた。当時、第三二軍は、長参謀長が、七月十一日に上京し、真田第一部長に「人口ノＱ（問題）六〇万人、Ｐｒ．（食糧）三カ月アルノミ、非戦闘員ヲ台湾へ送レ」（「真田穣一郎少将日記」）と述べているように、沖縄県民を台湾に疎開させようと考えていた。

一方、内務省は、疎開先を九州および台湾と予定し、その業務を防空総本部に担当させた。同本部業務局救護課長宮崎太一は、同課主任の川嶋三郎事務官に「沖縄本島の住民を九州・台湾のいずれでもよいから、できるだけ多数引き揚げさせること」という任務を与え、沖縄へ出発するよう命じた。川嶋事務官は、七月十六日朝羽田を出発、午後沖縄に到着した。

その頃、沖縄県においては、未だ疎開を担当する特別援護室は設置されておらず、川嶋事務官は、警察部の特高課長で警務課長代理を兼務していた佐藤喜一警視と業務の調整を行った。疎開業務は、警察部が担当し、荒井退蔵警察部長の指導のもと、同部が中心になって管内全域に亘って疎開の趣旨の説明・伝達・指導などに当たった（「川嶋三郎手記」、『大霞』第四六号）。

疎開の人数については、川嶋事務官には、一〇万という具体的数字が示されたのではなく、ただ、できるだけ多数と示されただけであった。軍側から一〇万という数値を示した形跡もないのである。一〇万という具体的数字が出てくるのは、沖縄県知事泉守紀が、七月二十六日付けで、内務次官に提出した次の文書が初めてである。

泉知事は、山崎巌内務次官に「警察官ノ疎開家族ニ対スル臨時生活費補助ニ関スル件」について申請し、その中で、「六十万県民ノ食糧需給ノ問題ハ、最モ重要ナル事案トシテ登場スベキハ必定ナルニ依リ、当地軍当局ニ於テモ、深クコノ点ヲ憂慮セラレ、防空防衛上、在留ヲ要セザル人員ノ県外転出方ヲ要請シ来リタルヲ以テ、協議ノ結果、国防上、軍ノ手足纏トナル老幼婦女子等約十万人ヲ、別紙転出要綱ニ依リ他府県及台湾ニ転出セシムベク勧奨指導シ、既ニ引揚開始中ナリ」と述べ、一〇万人という具体的数字を出すとともに、次のような「県外転出実施要綱」を作成添付して提出した。

県外転出実施要綱

第一　方針

皇土防衛確立ノ大局的見地ヨリ、県内ニ存在スル老幼病者婦女ニシテ、他府県又ハ台湾ニ転住ヲ希望スル者ヲ、早急ニ転出セシメ以テ防空防衛態勢ヲ強化セムトス。

第二　要領

一、実施区域

沖縄本島、宮古島、石垣島、西表島ニ限定ス。

二、転出ヲ認ムル範囲

六十年以上十五年未満ノ者、婦女、病者トス。

婦女ノ転出ハ、老幼者ノ世話ヲ為ス必要アル者及軍其ノ他ニ於テ在住ノ必要ナシト認ムルモノ。

三、転出期日

概ネ七月中ニ於テ実施スルモノトス。

四、転出ノ手続

（一）転出ノ希望ハ、別紙様式ニ依リ転出申告書二通、所管警察署長ニ提出シテ証明ヲ受クルモノトス。但シ一通ハ証明シテ本人ニ交付スルコト。

（二）証明ヲ与ヘタル者ニ対シテハ、旅行証明書及乗船証明書ヲ与フルモノトス。

（三）転出者ノ乗船ニ付テハ、県ノ指示ニ依ル。県ハ警察署ヲ通シテ本人ニ通告ス。

（四）宮古、石垣、西表島ニ於ケル転出者ハ、一応那覇ニ集合セシム。那覇ニ至ル迄ノ便船ハ、所轄警察署又ハ町村ニ於テ取計フコト。

五、転出先

（一）転出先ハ転出者ノ縁故先トス。

（二）縁故ナクシテ転出スル者ハ、受入側ニ於テ就職等ノ斡旋ヲ為スモノトス。但シ別紙地域ニハ居住スルコトヲ得ザルニ付、取扱上注意スルコト。

第三　措置

（一）本要綱実施ニ就テハ、軍其ノ他関係ト密接ナル連絡ノ下ニ之ヲ為スコト。

（二）本省及各府県長官宛、受入方依頼ス。

（三）本要領（要綱）実施促進ノタメ、県庁内ニ関係課長ヲ以テ、実施委員会ヲ組織ス。

第四　転出ニ就テノ注意

（一）転出者ノ荷物ハ、生活上ノ必需物品ニ限定シ、荷物ハ転出者一人ニ付二個以内トス。但シ荷物ノ大キサハ柳行季（李）ノ大キサトス。

（二）転出ニ関シ問合セハ、警察署係員ニ為スコト。

別紙

一、京浜地域　東京、横浜、川崎
　阪神地域　大阪、神戸、尼崎
　名古屋地域　名古屋
　北九州地域　門司、小倉、戸畑、若松、八幡

二、東京都　立川市
　埼玉県　川口市
　神奈川県　横須賀市
　大阪府　堺市、布施市
　兵庫県　西宮市、御影市
　京都府　京都市、舞鶴市
　広島県　呉市

山口県　下関市
長崎県　佐世保市

様式
乗船証明書（略）
転出申告書（略）

（内務省「種村氏警察参考資料」）

この計画は、疎開業務推進のため、この頃設置された特別援護室が作成したものと判断される。なお、この計画は、転出期日を概ね七月中としているが、縁故者はともかく、無縁故者については、未だ受け入れ側と十分な調整ができていない状況にあって、実行性に問題があった。また、県外疎開者を一〇万人と算定したのは、当時六〇歳以上と一五歳未満の者が、約二九万人いたので、その約三分の一を疎開可能者と見積もったものと判断される。

（3）県外疎開の受け入れ割り当て

疎開者の受け入れ先を何処にするかは、沖縄県で決定できるものではなく、政府特に内務省が中心になって、関係府県と調整し決定すべきものであった。

内務省防空本部は、疎開に関係する厚生省健民局戦時援護課と調整して、係官を疎開者受け入れ予定県に派遣することとした。救護課の川嶋三郎事務官が沖縄県に派遣されたことは前述したが、その後、疎開課の富永誠美事務官が宮崎県へ派遣され、厚生省援護課の増子正宏事務官が鹿児島県へ派遣された(富永・増子両氏の筆者への証言)。

富永事務官は、七月十八日宮崎県庁に到着し、内政部社会課と、沖縄県民の受け入れに関し調整し、同じ頃、増子事務官は、鹿児島県内政部社会課と、奄美大島島民の引き揚げ・受け入れ問題および沖縄県民の鹿児島上陸と一時滞留について調整した。

沖縄県からは、丁度、別命で鹿児島へ出張中であった内政部の浦崎純調査課長が、鹿児島県側と調整に当たり、同課長は七月三十日宮崎県に行き、疎開者の受け入れを依頼した。熊本・大分県へは、大政翼賛会沖縄支部組織部長の來間泰邑が派遣されて、両県と受け入れ交渉を行ったのである。

また八月二日、九州地方行政協議会は、管内各県の内政部長を召集し、引き揚げに伴う輸送ならびに受け入れに関する協議会を開き、この会議に、沖縄県の泉知事・西部軍の角良晴参謀も出席した。

このようにして、受け入れ割り当てが逐次具体化していくのであるが、その状況の一端を、宮崎県の「社会課所管事務引継書」によりその要旨を紹介する。

沖縄と薩南諸島の食糧事情および国土防衛強化の関係で、同島の老幼婦女子で引き揚げを希望する者を内地に引き揚げさせる方針が決定され、関係県の沖縄・鹿児島両県ならびに内務省防空本部、厚生省、西部軍司令部など関係当局で、引き揚げに関する措置を進めているが、沖縄より五万人が鹿児島港に上陸、本土に引き揚げる見込みである。このうち無縁故者で長期に宿舎など生活上の斡旋を要する者は、その九割の四万五千人と想定されるが、鹿児島県は、大島諸島の引き揚げ予定者を受け入れるので、沖縄諸島よりの引き揚げ者は、本県と熊本県で引き受ける協議があり、之を受諾することになった。
このようにして、宮崎県は、とりあえず警防課において、県下の受け入れ能力を調査した、その結果は、次のとおりである。

旅館	三四六カ所	七、〇九三人
神社・仏閣	四四〇カ所	九、〇八九人
公会堂集会所	六九八カ所	一二、二二五人
合計	一、四八四カ所	二八、四〇七人

（宮崎県「社会課所管事務引継書」）

八月初旬、内務省は「沖縄・鹿児島両県引揚民中無縁故者引受ニ関スル件」を決定し、関係府県に、次のとおり通牒した。

沖縄・鹿児島両県引揚民中無縁故者引受ニ関スル件

沖縄・鹿児島両県引揚民中無縁故ノ引受ヲ、左ノ各県ニ割当ツルモノトス。

一、　引揚民総数

沖　縄　　一〇万（内二万台湾）中八万人内地引揚
鹿児島　　三万
計　　一一万人

二、　無縁故者数

無縁故者ハ八割ト算定ス。

沖 縄　六四、〇〇〇
鹿児島　二四、〇〇〇
　計　八八、〇〇〇

三、 引受県

鹿児島県　二四、〇〇〇（鹿児島県住民）
宮崎県　一五、〇〇〇（沖縄県住民）
熊本県　二〇、〇〇〇（沖縄県住民）
大分県　一〇、〇〇〇（沖縄県住民）
山口県・島根県　一五、〇〇〇（沖縄県住民）
四国各県　一五、〇〇〇（沖縄県住民）
　計　九九、〇〇〇

備考 引受ハ、右ノ府県順位ニヨリ之ナサシムルモノトス。
　引受総数一一、〇〇〇増加セルモノ、予備能力トシテ考慮スルモノトス。

（「宮崎県学事関係諸令達通牒」）

この通牒をみると、八月初旬の時点では、山口県・島根県・四国各県までも予定されていたことがわかる。その後内務省は、関係府県と調整を進め、八月二十四日、この通牒を一部変更して、引き揚げ者の引き受け割り当てを、関係府県に通牒した。その内容は、次のとおりである。

鹿児島県　三〇、〇〇〇（鹿児島県住民）
宮崎県　一六、〇〇〇（沖縄県住民）
熊本県　二三、〇〇〇（沖縄県住民）
大分県　一五、〇〇〇（沖縄県住民）
佐賀県　一〇、〇〇〇（沖縄県住民）
　計　九四、〇〇〇（沖縄県民の合計は六四、〇〇〇）

（文部省「学童疎開関係綴」）

沖縄県は、宮古・八重山の島民を台湾へ疎開させるとして、県会議員大浜用立を台湾に派遣し、その交渉に当たらせ、八月中旬、受け入れ交渉は円満に解決した。

（4）疎開の督励と実施

内務省から、老幼婦女子の県外疎開命令を受けた沖縄県は、疎開計画を逐次具体化しつつ、県民に対し警察が中心になって、疎開の趣旨を伝え、その督励に努めた。県庁・地方事務所・市町村役場などの職員も、駆け回って疎開の勧奨に努めた。しかし、縁故疎開は別にして一般の疎開は、なかなかその気運が盛り上がらなかった。老幼婦女子を未知の土地へ送る心配、生活不安、郷土への愛着心などのため、なかなか疎開へ踏み切れないものがあった。

このような状況にあって、県・市町村では、まず職員の家族を率先して疎開させ、疎開の気運を盛り上げようとした。長参謀長も、仲吉良光首里市長の要請を受けて、首里市市会議事堂で講演し、軍が自由に戦えるよう早く県外に疎開するよう訴えた。七月下旬には、前記の特別援護室が警察部に設置され、疎開業務を推進していった。

かくして七月二十一日、第一次疎開者七五二人が鹿児島港に着き、続いて第二次二二〇人、第三次一、五六六人と逐次進展していき、九月十五日までには、二四、二六五人（有縁故者六、五五六人、無縁故者一七、七〇九人）が疎開したのである。この間、八月二十二日夜の疎開船「対馬丸」の遭難によって、疎開気運は一時低下したが、十月十日の那覇空襲で、一段と盛り上がってきた。

結局、一九四四年七月から一九四五年三月上旬までに、延一八隻の船で、本土へ約六万人、台湾へ宮古・八重山から二万人（沖縄本島からの約二千人を含む）が疎開したのである（前掲 戦史叢書『沖縄方面陸軍作戦』、浦崎『消えた沖縄県』）。

これらの疎開者のほとんどが、那覇・首里市とその周辺町村である。各市町村別の人数は、史料が少なく不明なところが多いが、判明しているものは、以下のとおりである。

伊江村	約二六〇人	金武村	六四人
北谷村	約三〇人	真和志村	三、三八五人
知念村	約二〇〇人	玉城村	約五〇〇人
北大東島	一、三〇〇人	南大東島	一、九四五人
沖大東島	三八八人		

（北大東島・南大東島・沖大東島は、沖縄本島への疎開者を含む）　（各村誌より）

（5）各県の受け入れ状況

沖縄県からの疎開者受け入れは、内務省を中心にして調整され、前述したように宮崎県・熊本県・大分県・佐賀県に決定されていたが、実施の段階で、宮崎県・熊本県・大分県の三県に限定され、佐賀県には受け入れ割り当てはなかった。

受け入れ県は、県内各市町村に受け入れ割り当てを行い、受け入れ各市町村は、住宅・食糧などの準備を進めながら、割り当ての疎開者を受け入れていった。受け入れ側の態勢は、大分県の例では、以下のようであった。

大分県は、既に一九四四年二月、重要都市疎開に対応して、「大分県疎開地方転出者取扱要綱」を定め、大分県疎開地方転出者斡旋本部（本部長県知事）を設置して、都市疎開者の受け入れに当たっていた。従って、沖縄県民の受け入れも、この斡旋本部が中心になって活動したのであり、その組織は、以下のとおりであった。

大分県疎開地方転出者斡旋本部

本部長　県知事
　本部付　庶務係
　　　　　家屋改造助成係
第一部　部長　警察部長

第二部　部長　経済部長
　　　　　食糧係
　　　　　生活必需品係

輸送係　　　　　　　　薪炭係
就職係　　　　　　　　企業係
物資連絡係
第二部　部長　内政部長
地方連絡係
住宅係
転入学係
衛生係

（『大分県報』第一九五四号、一九四四年）

同本部は、一九四四年八月四日「沖縄県県外転出者受入に関する件」を達し、沖縄県の老幼婦女子について、防空重要都市疎開転出者と同じように、住居・就職・転入学などの斡旋供与をするよう通牒している。

宮崎県は、一九四四年十月に設置された宮崎県総動員警備本部（本部長知事）の救護部が、総動員警備の一環として疎開者の救恤に当たった。

一九四四年十月における宮崎・熊本・大分各県の受け入れ状況は、以下のとおりである。

宮崎県		大分県		熊本県	
宮崎市	二一三人	大分郡	一、八五一人	熊本・八代・人吉市	三〇三人
都城市	一〇七人	北海部郡	一、五二六人	阿蘇郡	一、三五〇人

延岡	二七一人
東臼杵郡	一、四五五人
西臼杵郡	一、一九六人
児湯郡	七七五人
宮崎郡	一、一一八人
東諸県郡	七七一人
西諸県郡	一、二二七人
北諸県郡	九六四人
南諸県郡	二九七人
計	八、三九四人

南海部郡	七〇二人
大野郡	一三〇人
直入郡	一、一一七人
計	五、三二六人

飽託郡	七六二人
上益城郡	九六七人
下益城郡	六五一人
宇土郡	一七六人
八代郡	一、〇五六人
球磨郡	一、六〇五人
葦北郡	三四三人
天草郡	八八一人
計	八、〇九四人

（仲間智秀編「学童疎開関係書類」）

また、翌一九四五年度における宮崎県の受け入れ状況は、三、五二七世帯、一一、六八三人であった。大分県の受け入れ状況を、当時の『沖縄新報』（一九四四年十二月二十四日）は、以下のように報じている。

　引揚者は全部一応学校・寺院・集会所等に収容し、漸次落ち着いてきたが、村民と引揚者の関係は、事前に杞憂された言語・風俗・習慣の相違からくる摩擦等は全然起こらず、食糧等も配給以上に豊富に与えられているので、いずれも〝沖縄県より大分の方が食糧が豊富である〟との感を抱いている位である。時日の経過につれ、これら引揚者は、ただ漫然と県民の同情に甘えていてはならぬと、農家の手伝いを申し出て、今秋の農繁期の稲刈り、麦蒔きには全面的に協力し、農家の手不足を十分に補ってくれた。引揚者の中には、農家希望者もぼつぼつ出来、村ではこれらの人々の耕地の世話をするなど、農家として一本立ちになるよう斡旋している所もある。その他の人々もじっとしていては、お国のためにすまないと申し出るものが多くなり、それぞれ適職につかしめるよう、県をはじめ関係方面で種々斡旋中である。

このように、受け入れ側の努力で、一応の生活は確保できたのであるが、時とともに生活も厳しくなってきた。その状況は、疎開者の回想手記によると、以下のようである。

当初疎開者を厚遇した地元の人も、戦況が好転せず食糧事情が逼迫すると、なけなしの金をはたいて食糧を買い出しに行っても、よい顔はせず売り惜しみをする様になってきて、沖縄戦が日本軍の敗北に終わった頃からは、露骨にいやな顔を見せ、沖縄人がスパイ行為をしたから沖縄戦は負けたのだと言う人も居て、疎開者の中にはその土地に居たたまれず、阪神地方に引っ越した人もいた。しかし中には、僅かな荷物を持ち、着の身着のまま疎開して来た人達に、深い同情を寄せ、何くれとなく世話してくれる人も居たが、大勢としては、疎開者にとって、この土地が必ずしも居心地のよい土地ではなく、風土・習慣の違いは、言葉が通ずるというだけでは到底その隙間を埋めることは出来なかった。疎開者は早く戦争が終わって、沖縄に帰れる日を夢みていた。

（『那覇市史』資料編、第二巻、中の六）

（6） 宮古・八重山の疎開

宮古島から本土・台湾への一般疎開は、併せて約一万人で、学童疎開は八〇人であった。一九四四年八月から開始された一般疎開は、台湾疎開がほとんどであった。九州よりも暖く、また出稼ぎ者が多く、親戚・知人の多い台湾を多くの者が希望した。町内会・部落会を中心に班を編成し、木造の軍輸送船や徴用された漁船で船団を組み、基隆に上陸し、台湾総督府の準備した疎開地の台北・新竹・台中・台南・高雄などの学校の校舎や公会堂に入り、集団で生活した。

一般疎開者数百人と学童疎開者八〇人は、鹿児島に上陸し、一般疎開者は、宮崎・熊本両県に、学童疎開者は宮崎県小林町に受け入れられた（『平良市史』第一巻、通史編Ⅰ）。

八重山では、石垣町だけが疎開を実施した。六〇歳以上の老人と、婦女・子供が主で、五〇人単位の疎開班を編成し、一九四四年九月から疎開が開始された。軍に徴用された四、五十屯級の機帆船で、石垣から基隆に数回断続的に輸送された。疎開人員は明確でないが、推定一千世帯、約三千人に達した。石垣町新川班長は、疎開地の生活について、次のように回想している。

戦争中だったが、台湾は食糧事情もよく、何の不自由もなかったのは、現地の方々の御親切によるもので感謝に堪えない。もし石垣島に居たとすれば、或いはその相当数がマラリアで死亡したかも知れない。疎開はたいへんよかったと感謝している。

（牧野清『新八重山歴史』）

二、学童疎開

(1) 学童疎開の計画準備

一般疎開の計画準備が進められている折の一九四四年七月半ば頃、学童疎開が大きな問題になってきた。一般疎開の場合は当然、学童も家族と一緒に疎開することになるので問題はないが、疎開しない家庭の学童をどうするかが問題になり、学童だけの集団疎開が計画された。

学童集団疎開については、文部省の指導があったことは勿論であるが、父兄側からも、せめて子供だけでも安全な所へ送ってやりたいという希望が高まるとともに、沖縄の将来の発展のために、優秀な学童を本土へ移しておきたいという願いが、この学童疎開を推進する背景となったのである(前掲浦崎『消えた沖縄県』)。

学童の事務は、内政部教学課が担当することになり、同課は、七月十九日に、内政部長名で、両支庁長・両市長・三郡国民学校長宛に、次のような学童疎開の準備を指令した。

学童集団疎開準備ニ関スル件

時局ノ現段階ニ対処シ、一億国民総力ヲ挙ゲテ敵反攻ニ備フル国土防衛態勢確立急務ナルトキ、人口疎開ノ一翼トシテ、県下学童ヲ安全地区ニ集団疎開シ、戦時ト雖モ、少国民ノ教育運営ニ遺憾ナキヲ期シ、併セテ県内食糧事情ノ調節ヲ図ラムガ為、標記疎開ニ付キ計画致度ニ付、左記事項参照ノ上、速急ニ可然措置相成度此段通牒ス。

沖縄県学童集団疎開準備要項

一、疎開ノ対象

国民学校初等科第三学年ヨリ第六年マデノ男児希望者ヲ原則トシ、初等科第一第二年ノ者ト雖モ、身心ノ発育充分ニシテ付添ヲ要セズト認ラルル者ハ之ヲ許可ス。

二、疎開ニ伴フ指導者ノ派遣

（ア）児童四十名ニ付、教員一名ノ割ニテ、当該校長ノ推薦ニ依リ派遣ス。

（イ）派遣教員ハ優秀ナル男子ヲ原則トスルモ、学校長ノ裁量ニ依リ適宜女教師ヲモ加フルコトヲ得。

（ウ）学校長ハ残留スル学童ノ教育ニモ留意シ、派遣スベキ教員ヲ選定スルコト。

（エ）派遣教員ハ必要ニ応ジ、家族ト同伴スル事ヲ得。

（オ）児童二十名ニ付、一人ノ割合ニテ世話人ヲ置ク（女子中等学校生徒高等科女児）。

三、疎開ニ要スル経費

学童ノ食費・輸送費其ノ他疎開ニ必要ナル経費ハ、当県ノ《ママ》於テ負担スル予定ナルモ、職員家族ノ費用ハ一切自費トス。

携帯用品ハ最小限度ニ止ルモ、可及的夜具・蚊帳ノ類ハ之ヲ携行スルコト、其ノ他詳細ハ後ニ之ヲ示ス。
四、　疎開ノ時期ハ不定ナルニ付、予メ出発ノ用意ヲ整ヘテ待機シ、命令ヲ待ツコト。
五、　県へ報告スベキ事項
（ア）　二十二日迄ニ到着スル様、疎開希望者ノ概数ヲ文書又ハ電信電話ニテ報告ノコト。
（イ）　二十八日迄、左記様式ニ依リ、確実ナル報告ヲスルコト。（様式略）
但シ、両先島ノ学校ニシテ期限厳守シ難キ向ハ、折返シ報告ノコト。
六、　疎開ノ勧奨
学校側ニ於テ希望者ノ募集ヲ行フニハ、学童父兄ノ十分ナル理解ノ下ニ之ヲ行ヒ、苟モ敗戦的ナル思想傾向ニ陥ラシムルコトナキ様、特ニ留意シ、疎開トハ単ナル避難若シクハ退散ニアラズ、戦争完遂ノ為ノ県内防衛態勢ノ確立ヲ図ラムガタメノ措置ニ外ナルズ、国家ノ人口疎開ノ方策ニ基ヅクモノナルコトヲ強調シ、残留スル父兄婦女子ニ対シテモ、些カノ不安モ与ヘザル様、思想態勢ノ動揺ヲ極力防止スルコト。
七、　父兄関係ノ疎開ハ、本措置以外ノ方法ニ依ルコト。
八、　本措置ハ情勢ノ変化・経費・配船・其ノ他ノ事情ニ依リ、実施致シ難キコトモ有之ニ付念為。
（『沖縄県史』第八巻）

この準備要項をみると、時期や受け入れ先も決まっていないが、とにかくできる限り早く、学童を沖縄から送り出さなければならないということがよく分かるのである。十九日にこの文書を出し、二十二日には疎開希望者の概数を報告し、二十八日には確実な報告をせよというのであるから、相当急いでいたことは事実である。受け入れ先は決まっていないが、とにかく船便さえあれば、早く九州へ送り、着いてから受け入れ先を決めればいいというのが、当時の方針であった。

この準備要項の第六項に示されているように、疎開はあくまで勧奨であって、各学校とも校長以下教師が、学童の家庭を訪問して父兄の説得に当たった。

(2) 学童疎開の督励と実施

一九四四年七月十九日、前述した「沖縄県学童集団疎開準備要項」が、県内政部長から達せられるや、県内各国民学校長は、職員を動員して学童の家庭を訪問し、学童を安全な所へ疎開させるよう父兄の説得に当たった。父兄たちは、①海上における潜水艦の攻撃という脅威があること、②敵が沖縄に上陸するという確信がもてないこと、③学校が県外に分散して、残留組と疎開組に分かれ経営が不利になることなどのために、疎開に消極的であった。

しかし、学校・町内会・部落会を通じての疎開勧奨で、次第に疎開へ腰を上げるようになり、八月中旬から逐次、宮崎・熊本・大分各県へと、疎開が行われていった。

この学童疎開は、沖縄県の悠久の発展のため、輸送の可能な時期に、資質優秀な学童を本土に移し、優れた県民の種族を永く後世に保存しようという、将来への悲願が込められており、疎開学童の素質の選考を重視し、引率教師も県下の優秀な教師が選ばれた。一九四四年十月一日現在の学童疎開状況

表2 沖縄県学童集団疎開情況

1)本土到着日別人数(訓導・寮母・作業員および訓導家族含む) (人)

	8/16	8/18	8/23	8/24	8/25	8/27	8/29	9/3	9/10	9/20	計
宮崎	129	394	96	74	—	185	520	889	439	394	3,120
熊本	—	—	—	3	1,519	111	—	663	37	723	3,050
大分	—	—	—	—	—	—	—	—	—	389	389
合計	129	394	96	77	1,519	296	520	1,552	476	1,506	6,565

2)受入場所

宮崎県	沖縄県の32校疎開し、宮崎県の58校に受入
熊本県	沖縄県の28校疎開し、温泉旅館7地域に受入
大分県	沖縄県の6校疎開し、8カ所の寺院・公会堂に受入

3)学年別・性別 (人)

	宮崎県		熊本県		大分県		計	
	男	女	男	女	男	女	男	女
初1	32	12	46	18	0	2	78	32
初2	64	31	71	35	3	2	138	68
初3	193	102	194	87	17	14	404	203
初4	282	134	268	131	21	24	571	289
初5	255	231	330	160	37	26	622	417
初6	381	266	348	179	39	31	768	476
高1	201	150	211	178	38	21	450	349
高2	183	126	180	166	29	37	392	329
小計	1,591	1,052	1,648	954	184	157	3,423	2,163
合計	2,643		2,602		341		5,586	

4)勤務員 (人)

	宮崎県		熊本県		大分県		計	
	男	女	男	女	男	女	男	女
訓　導	60	20	58	28	9	—	127	48
寮　母	—	22	—	23	—	3	—	48
作業員	—	143	—	103	—	15	—	261
家　族	83	149	77	165	9	12	169	326
小計	143	334	135	319	18	30	296	683
合計	477		454		48		979	

(前掲 仲間「学童疎開関係書類」)

は、表2のとおりである。

これらを総計は、以下のとおりである。

宮崎県　三、一二〇人（男一、七三四人、女一、三八六人）

熊本県　三、〇五六人（男一、七八三人、女一、二七三人）

大分県　　三八九人（男　二〇二人、女　一八七人）

計　　六、五六五人（男三、七一九人、女二、八四六人）

学童集団疎開の最終的な総人数は明確でないが、宮崎・熊本・大分各県から文部省へ提出された報告書および文部省の国庫補助金交付文書によると、約七、〇〇〇人となっている。

文部省が、沖縄県の学童集団疎開に対する国庫補助金額を検討していた一九四四年十一月十三日の段階では、宮崎県へ三、五〇〇人、熊本県へ三、〇〇〇人、大分県へ三、五〇〇人、合計一〇、〇〇〇人の疎開が予定されていた。ところが、その後の実績から七、〇〇〇人として、国庫補助金額を見積もっている。

学童疎開で注目すべきは、「対馬丸」の遭難である。「対馬丸（陸軍の徴用貨物船、六、七五四トン）」は、一九四四年八月十九日、沖縄派遣の第六二師団を乗せて那覇に到着、その二日後の二十一日、疎開学童および一般疎開者合計約一、七〇〇人を乗せて那覇を出港した。翌二十二日午後十時十五分、悪石島西北約六・七海里の地点で、米海軍潜水艦の雷撃を受け沈没した。学童七八四人、教師・世話人など三〇人、一般疎開者六二五人、船員・船舶砲兵隊員四五人、合計一、四八四人が死亡した。この

「対馬丸」の遭難は、その後の学童疎開に大きな影響を与えた（対馬丸記念館データ）。しかし、十月十日の那覇空襲により、疎開気運が盛り上がってきたことについては、既に述べたところである。

学童疎開・一般疎開で、のべ一八七隻の船が、疎開者の輸送に当たったが、これらの疎開船で遭難したのは、この「対馬丸」だけであった。

（3）各県の受け入れ状況

沖縄県からの学童集団疎開の受け入れも、前述のように、一般疎開と同じ宮崎・熊本・大分各県が担当することになり、一九四四年八月中旬から開始された。同年十月現在のこれら三県の受け入れ状況は、表3のとおりである。これを図示すると、図5のようになる。

宮崎県は、当初から主として学校に収容した。熊本県は一旦、日奈久・内牧・山鹿・坊中・湯児・湯出・湯浦の温泉旅館に受け入れたが、その後、付近の学校に割当

図5　沖縄県学童集団疎開分布図

表３　３県の受入状況

宮崎県								
市町村名		人数	市町村名		人数	市町村名		人数
東臼杵郡	北方村	40	西臼杵郡	岩戸村	142	西諸県郡	野尻村	81
	南方村	187		上野村	90		高原町	160
	門川村	142		田原村	47		小林町	198
	富島町	137		高千穂町	129		飯野町	78
	岩脇村	29		七折村	101		加久藤村	49
	東郷村	101		岩井川村	87		真幸村	157
	北郷村	59		計	596		計	723
	西郷村	51	児湯郡	美々津村	36	北諸県郡	高崎町	43
	計	746		高鍋町	84		山田村	79
東諸県郡	高岡町	42		上穂北村	37		西嶽村	44
	綾町	44		三財村	37		計	166
	穆佐村	40		計	194	宮崎市		624
	計	126	合　計					3,175

熊本県								
市町村名		人数	市町村名		人数	市町村名		人数
葦北郡	日奈久町	1,144	阿蘇郡	黒川村坊中	213	鹿本郡	山鹿町	663
	湯浦村	203		内牧町	523			
	水俣町湯児	188		計	736		計	663
	同湯出	118						
	計	1,653	合　計					3,052

大分県					
市町村名		人数	市町村名		人数
南海部郡	明治村	81	大野郡	重岡村	40
	上野村	42		小野市村	40
	切畑村	41		計	80
	中野村	46			
	直見村	43			
	川原木村	56			
	計	309	合計		389

３県の合計（宮崎県 3,175 人、熊本県 3,052 人、大分県 389 人）6,616 人。

（前掲 仲間「学童疎開関係書類」）

収容した。大分県は、寺院・公会堂などに収容した。

宮崎県宮崎市に集団疎開した学童の生活状況は、当時の『沖縄新報』によると、次のようである。

同市には、集団転出児童や家族とともに転出したものが相当数いる。ほとんど那覇の出身者で、九か所の宿舎に別れ、学校や旅館に夫々収まっている。各宿舎の設備は完備し全く申し分ない。夜具の如きも各所から寄贈がある上に、市としても設備してあるので、今のところ、不自由なく、ただ傘がないので、目下二人に一個の割で購入配布の手続き中であると聞いた。食事は、宮崎県は九州地方でも最も物資の豊富な土地柄だけに、比較的給食も良く、また各家庭からも種々提供して、転出学童を努めて優遇している。彼らの教育については、出来る限り彼らだけの集団を避けて、土地の子供たちと一緒に勉強させている。児童も漸次転出者観念を一掃し、受入校のヨイコ達と渾然融和、嬉々として勉学に運動に、明るく強く正しき生活を続けているのは、見ていて気持ちがよかった。

（『沖縄新報』一九四四年十二月三十日）

しかし、このような状態が最後まで続いたわけではなかった。小林町へ疎開した引率教員は、次のように回想している。

疎開して約一年間は、地元の婦人会や有志の方々から慰問激励をうけ、時期的な果物や食糧などの寄贈が多く、ほんとに有難い集団生活を送ることができた。引率教員は夫々学級担任（補欠授業）として勤務の傍ら、食糧や衣料の確保のため、県・町役場・食糧営団などに交渉に出かけ、毎日、目まぐるしい生活であった。疎開生活初めの程は、学校の職員・児童・一般の町民も好意を示してくれたが、時日がたつにつれて、疎開学童に対し排他的となり、学童も登校するのを喜ばない。こんな雰囲気の学校で、不憫な子供たちを将来責任をもって、どうして養育していればよいかと途方に暮れてしまう。

（内間字誌編集委員会編『内間字誌』）

また、大分県の状況は、次のようであった。

沖縄引揚児童の、九月二十四日受入を始めとして、第二次、第三次と続いて集団疎開の外、一般引揚者を受入れ、更に十一月初旬にも受入れ、主として県南方面に落ち着いたが、これ等引揚者はいずれも引き揚げの趣旨を体し、地元民また溢れる同情心をもって迎え、言語・風俗・習慣は違えども、よく融和協力して美しい風景を描き出している。その二三を紹介しよう。引揚の人々は、必勝のための国策協力者で、親子親族別れ別れになって来るのであるから、私達は自分の親兄弟が帰ってきたという暖かい気持で迎えようと、特に婦人会が主体となり、引揚者に寒い思いや、ひもじい思いをさせてはならぬと、各家庭へ寝具の供出を呼びかけたところ、県下到る所から多数の衣類・布団等が集まり、また引揚学童に与える綿入れを縫い、食糧の準備をする等、温情あふれる親切味をもってむかえた。引揚者が到着する毎に、関係各村々では、村長以下役場吏員・農業会・各種団体・国民学校児童など、あげて駅頭に出迎え、幾多感激的場面を展開した。

（『沖縄新報』一九四四年十二月二十二日）

大分県でも、このような状態が続いたわけではなかった。その後の状況について、明治村へ集団疎開した学童は、次のように述べている。

土地の人達とは対照的に、飢え・寒さ・労働と、色々なことが起こった。後になって知ったことだが、当時国家から疎開者へ僅かな救済金があったそうだが、金はあっても物がない頃で、三度の食事も満足に食べた記憶はなかった。大分のこの農村一帯は、時節の果実が豊富であったので、私達はみさかいもなく、柿・クリ・ビワや大豆・麦に至るまで、手あたり次第に失敬して飢えを満した。毎度の食事はお椀の七分目であった。

（『那覇市史』資料編、第二巻、中の六）

ともあれ、このような状況下で、沖縄県の集団疎開学童等約七、〇〇〇人が、宮崎・熊本・大分各県で、戦禍を避け勉学に励んだのである。

また、疎開学童および教員の身分取扱などについて、疎開先を視察した沖縄県教学課永山視学は、一九四五年一月十七日の新聞紙上で、次のように語り、父兄は安心するよう呼びかけている。

教育状況に就いては、大分・宮崎・熊本を一巡、引率教員とも種々懇談を遂げて来たが、引率教員はすべて受入県の職員となり、俸給・諸給与はすべて九月に遡って、受入県から支出することになり、学童も受入町村の学童として受入れられているから、これら学童を転出させた県下各学校長は、早急に学籍簿を受入校に送付してもらいたい。町村も同様に必要書類は至急受入町村に送って欲しい。尚新学期も間近に控えて、学童の入学問題があるが、これは集団学童・一般学童も一括して受入県で考慮することになり、特に宮崎・大分県では、定員外に入学させることになった。更に希望者の多い時は、学級を増加してもいいという便宜まで与えてくれている。生徒最後の進度や環境の相違等もあるので、彼等だけが(を)別個に行い学級一覧表なども、本県だけの一覧表として出すことになった。受入県の方では、これ等受入学童に対しては、中等教育を受ける能力のある者は、成るべく入学させる方針で、非常な便宜と温情を寄せている。

（『沖縄新報』一月十七日）

このような点に関する文部省の指導・予算措置については後述する。

一九四五年における宮崎・熊本両県下の各学校の受入人数は、表4のとおりである（前掲「宮崎県学事関係諸令達通牒」、文部省「学童疎開関係綴」）。

なお、宮崎県は、二〇年五～

表4　沖縄県疎開学童受入数

宮崎県

郡市町村名		受入場所	人数	郡市町村名		受入場所	人数
東臼杵郡	門川町	川内校	23	東諸県郡	高岡町	高岡校	38
		草川校	34		穆佐村	穆佐校	29
		門川校	57		綾町	綾校	30
	北郷村	北郷校	51		計	3	97
	東郷村	坪谷校	56	西諸県郡	小林町	小林青年校	62
		福瀬校	34			小林校	87
	西郷村	田代校	44		高原町	高原校	80
	富島村	第一富高校	45			広原校	68
		第二富高校	46		飯野町	飯野青年校	82
		細島校	30			飯野校	27
	岩脇村	平岩校	24		野尻村	野尻校	73
	南方村	南方青年校	40		真幸村	真幸青年校	69
		南方校	42			真幸校	60
		上南方校	39		加久藤村	加久藤青校	41
	北方村	北方校	33			加久藤校	39
	計	15	598		計	11	688
西臼杵郡	岩戸村	岩戸校	79	北諸県郡	山田村	山田校	37
		山裏校	46			木川内校	37
	七折村	宮水校	45		高崎町	高崎校	38
		新町校	44		西嶽高	西獄校	38
		押方校	38		計	4	150

	上野村	上野校	75
	岩井川村	岩井川校	74
	高千穂町	高千穂校	33
		高千穂実業	38
	田原村	田原校	40
	計	10	512
児湯郡	高鍋町	高鍋校	31
		上江校	55
	三財村	三財校	31
	上穂北村	上穂北校	35
	美々津町	美々津校	35
	計	5	187

宮崎市		小川屋	73
		宮崎国民校	31
		繭検定所	32
		宮崎中学校	50
		江陽高女校	108
		実践商業校	43
		第二高女校	31
		赤江青年校	105
		宮崎師範校	67
	計	9	540
合　計		57	2,772

熊本県

郡名	町村名	学校名	人数
葦北郡	百済来村	西校	34
		東校	40
	二見村	二見校	84
	大野村	白木校	39
		大野校	37
	久木野村	久木野校	41
	湯浦村	内野校	33
		古石校	42
	水俣町	湯出校	106
		葛渡校	41
		水東校	31
	計	11	528
八代郡	下松球磨村	中谷校	68
		下松西校	56
	上松球磨村	第一校	57
		第二校	69
	下岳村	下岳校	49
	種山村	種山校	35
	河俣村	河俣校	56
	計	7	390
下益城郡	中山村	中山校	57
	計	1	57

郡名	町村名	学校名	人数
鹿本郡	六郷村	東部校	12
		西部校	33
	内田村	内田校	44
	岩野村	岩野校	20
	嶽間村	嶽間校	34
	三玉村	三玉校	47
	大道村	大道校	45
	米野岳村	米野岳校	44
	川辺村	川辺校	43
	田底村	田底校	69
	平小城村	平小城校	39
	計	11	430
阿蘇郡	波野村	楢木野校	63
		遊雀校	64
	産山村	山鹿校	45
	南小国村	満願寺校	59
		黒川校	67
		中原校	49
	小国村	北里校	61
		蓬莱校	61
	計	8	469
合計		38	1,874

九月に、米軍の宮崎海岸上陸を顧慮し、海岸地域の疎開学童を、内陸へ再疎開させた。

(4) 文部省の指導と予算措置

沖縄県の学童疎開が問題化する以前、すでに本土では、重要都市の学童集団疎開業務が開始されていた。従って、文部省は沖縄県の学童集団疎開についても、本土の学童集団疎開に準じて指導したはずであるが、一九四四年十二月までの間、沖縄県に対して特別に指導した史料は見当たらないのである。

もっとも、十一月十三日に「沖縄県集団引揚児童受入ニ関スル件」を青少年教育課が起案したが、どういうわけか途中で廃案になった。その中には、疎開児童の受入方針と予算措置方針が示されていたのである。

十二月二十三日になってやっと、「沖縄県集団引揚児童受入ニ関スル件」を青少年教育課長が、熊本・宮崎・大分各県内政部長に内報し、国庫補助内定額と疎開児童の受入に関する方針を示したのである(前掲 文部省「学童疎開関係綴」)。

学童疎開は、八月に開始されており、現場では予算措置についての指示がないため困惑していた。その状況を、沖縄県から鹿児島県に派遣されていた仲間智秀は、文部省羽田事務官に、次のように報告している。

宮崎県ニ於テハ、本省ヨリノ予算指示ナキ為、厚生省基準ニヨリ一般引揚者同様、一人一日生活費五十銭ノ割ニテ市町村ヨリ貸与ス。右生活費貸与ハ学童ノミノ分ニシテ、訓導ソノ他勤務者ハ、現在生活費支出ノ道ナク困惑セル状況ナリ。予算ノ御指示ナキ為、寮母・作業員ヲ必要人員確保シ得ズ、訓導自ラ物資調達・調理世話等ニモ当リ居ル状況ナリ。（前掲 仲間「学童疎開関係書類」）

文部省が内示した受入方針は、次のとおりである。

一、集団疎開児童は、受入市町村の児童として、当該市町村に於いて之を教育すること。

二、集団疎開児童の付添教員は、全部之を受入県国民学校の教員として発令し、当該児の教育に当らしむること。之の場合、当該教員は沖縄県より出向し来りたるものとして取扱い、その勤務に間隙なからしむる様措置すること。（以下略）

また、国庫補助の内示額は、学童七、〇〇〇人として、一九四四年度二二三九万六八九七円の経費に対し、補助額二六二万四四八六円、一九四五年度三七七万四四五四円の経費に対し補助額三六五万〇七〇六円であると示している。この内示により、前述したような現場の困惑は解消したのである。

その後、一九四五年一月二十三日に、文部省は国民教育局長名で、熊本・宮崎・大分各県知事宛てに「沖縄県集引揚児童受入並ニ之ガ経費ニ対スル国庫補助ニ関スル依命通牒」を出し、学童受入方針と予算編成方針を、正式に達した。その要旨は、次のとおりである。

(1)　集団疎開児童は、受入市町村の児童として、受入市町村において教育を行い、その宿舎は受入市町村国民学校の付属施設として取り扱うこと。

(2)　学級編成および授業は、言語・風俗習慣・教育程度等の特殊事情を考慮して、受入校の方針

表5　沖縄国民学校集団引揚児童受入に関する経費及国庫補助額調

昭和20年3月31日

区分	数量（人）	経費（円）		右に対する国庫補助（円）	
		昭和20年度	昭和19年度	昭和20年度	昭和19年度
校費及寮費	7,000	770,000	449,165	770,000	449,165
給料及諸給	7,700	975,854	540,057	852,106	467,870
食費	7,700	2,171,400	1,253,175	2,172,400	1,253,175
教科書学用品費		35,000	63,000	35,000	63,000
派遣訓導旅費	210	—	42,000	—	42,000
臨時備品造修費		—	140,000	—	140,000
小計		3,952,254	2,487,397	3,828,506	2,415,210
保護者負担額	7,000	210,000	122,500	210,000	122,500
差引計		3,742,254	2,364,897	3,618,506	2,292,710
受入諸費	7,000	32,200	32,200	32,200	32,200
合計		3,774,454	2,397,097	3,650,706	2,324,910

※訓導210人、寮母280人、作業員210人、嘱託210人、嘱託医70人として計算。　（前掲 文部省「学童疎開関係綴」）

のみに依らず、これらの諸点に留意して実施すること。

(3)　宿舎における児童の生活指導は、受入学校長の指揮に基づき、付添え教職員に担当させること。

(4)　付添え教員は、全部受入学校の教員として採用すること。

(5)　付添え教員の待遇給与は、受入学校の教員と同様に扱うこと。

(6)　国庫補助金は、県に交付するので、県は、受入市町村の経費に応じ当該市町村に交付すること。

（前掲 文部省「学童疎開関係綴」）

一九四五年三月三十一日に、示達された国庫補助額は、表5のとおりであるが、実際にこのとおり交付されたかどうかは、分からない。

第四章　避　難

一、北部への避難

(1) 北部避難計画の策定経緯

老幼婦女子などの非戦闘員約一〇万人を、県外へ疎開させる計画が進められていく中で、後に残る一般の住民をどうするかについても、第三二軍と県側との間で協議が行われた。第二章の一項(4)で述べたように、住民は当初は島の内部に移り、軍の掩護下に入る予定であったが、第九師団の抽出、中央からの「沿岸警備計画設定上の基準」が示され、第三二軍は「南西諸島警備要領」を策定し、十二月十四日沖縄ホテルで、軍司令官と知事の参加のもと、県側と協議会を開き、軍の意図を示した。

県側は、これまで折角、「県民指導措置要綱」など、比較的恒久の対策を立てて来たが、今回の軍の申出により、根底から覆される感がし、四〇万に近い人を北の山地に移せば餓死し、南に残せば艦砲射撃で粉砕されると、非常な驚きをもった（野里洋『汚名』）。しかし県側は、軍から住民の北部避難についての意図を示され、さらに内務省から、関係陸海軍部隊との緊密な連携による沿岸警備訓練の実施を指示した「沿岸警備訓練要綱」が通牒され、これらを受け入れざるを得ず、本格的に住民の北部避難計画策定の準備に取り掛かった。

内務省から示された「沿岸警備訓練要綱」の第四二項には「敵ノ上陸又ハソノ危険切迫シタル場合、之ニ因ル被害ヲ避クル為、老幼病者等非警備能力者ノミヲ、安全ナル地域ニ避難セシメテ行フモノトス。」と規定されている。

当時の状況を、特別援護室長の浦崎純は、次のように述べている。

　戦場と化す沖縄から、手足まといになる老幼婦女子の集団を県外に立ち退かせて、戦線の展開を有利にするためには、八万や十万の人口を退島させるだけでは十分とは言えなかった。一応十万人を立退かせておいて、次善の策として、沖縄本島では住民を北部山岳地帯へ退避させる計画であった。県外引揚げと並行してやると、島内でも戦火が避けられる〔ぬ〕という印象を与え、引揚げに混乱をきたすので、県外への退去に比重をおき、北部地区への退避は、戦局の動向と県外引揚げ作業の進行とを睨みあわせることにして、ある時期まで極秘のまま伏せておいたのである。

（前掲 浦崎『消えた沖縄県』）

このように沖縄県が北部避難計画を準備中の一九四五年一月十五日、政府は次のような「沖縄県防衛強化実施要綱」を閣議決定した。

沖縄県防衛強化実施要綱

一、戦局ノ現況ニ鑑ミ沖縄県ニ於テハ、敵ノ防衛強化ノ為、速ニ万全ノ措置ヲ講ズルノ要アリト認メラルルヲ以テ、軍ノ作戦ニ即応シ、県民ノ総力ヲ挙ゲテ、飽ク迄防衛ニ努メ、皇国護持ノ責ニ任ズルモノトス。

二、沖縄県ハ防衛強化ノ為、凡ユル創意工夫ヲ重ネ、県民ヲ奮励シテ、極力食糧ノ増産並ニ食糧ノ確保ニ努ムルモノトス。

三、政府ハ沖縄県ニ対シ速ニ食糧補給ニ努ムルモノトス。

四、政府ハ輸送力ノ許ス限リ、県民ノ一部ヲ県外ニ引揚ゲシムルモノトス。

五、沖縄県ハ現地部隊ト連絡ノ上、緊急事態ニ備ヘ、県民中、立退ヲ要スル者ニ、必要ナル住宅、倉庫、壕等ヲ建設シ、所要ノ食糧ノ貯備ニ努メ、且県民ノ一部ヲ予メ適当ナル地域ヘ立退カシムル等措置スルモノトス。

六、政府ハ、本要綱実施上必要ナル費用ヲ支出スルモノトス。

（参謀本部第二十班「昭和二十年大東亜戦争戦争指導関係綴」内政・経済之部　其二）

この「沖縄県防衛強化実施要綱」は、既に沖縄県において、実施中もしくは計画準備中のものであり、時期的に遅すぎており、本来ならば遅くとも一九四四年秋頃までには決定され、沖縄県に指令しておくべきものであった。ただ、政府が必要な経費を支出するということを明確に示した点に、重要な意義がある。

（2） 北部避難計画の策定

沖縄県が、前述の経緯で策定した北部避難計画は、表6のとおりである。この計画が策定された時期は明確でないが、国頭村浜部落の「浜共同店沿革誌」によると、「戦局容易ナラザルニ付、一月下旬ヨリノ他町村ヨリノ避難民ノ、当部落割当数、実ニ千数百名ニシテ、其ノ避難者ヲ収容スベク、県ヨリハ国費ヲ以テ山中ノ避難適地ニ九十棟ノ小屋ヲ建設スベク、当部落ニ命ゼラレシ」と記されていることから、一九四五年一月下旬であると判断される。

表6　北部避難計画

①立退者数調査

	人口	県外引揚者数	今回立退者数	残留者数	防衛隊員	最後立退者数
那覇市	66,059	8,986	22,159	34,914	−	−
首里市	19,714	2,044	8,917	8,753	−	−
島尻郡	97,771	8,010	21,165	68,596	−	−
中頭郡	136,151	10,077	33,656	92,418	−	−
恩納村	5,947	417	735	4,795	−	−
本部町	20,446	1,799	1,213	17,434	−	−
今帰仁村	12,351	881	504	10,966	−	−
伊江村	7,486	617	2,577	4,292	−	−
名護町	15,176	1,328	5,275	8,573	−	−
羽地村	11,241	774	3,799	6,668	−	−
合計	392,342	34,933	100,000	257,409	45,801	211,608

※最後立退者数とは、残留者から防衛隊員を除いた数である。

②収容力調査

	学校	部落事務所等	一般民家 １戸当３人	建設する 収容施設	合計 （人）
国頭村	1,710	386	6,147	34,144	42,387
大宜味村	1,410	288	5,370	29,098	36,166
東村	682	60	1,905	11,091	13,738

久志村	840	126	2,682	15,183	18,831
金武村	1,170	426	5,532	29,128	36,256
名護町	240	108	1,308	6,726	8,382
羽地村	480	100	2,973	14,123	17,676
恩納村	510	222	2,457	13,098	16,287
合計	7,042	1,716	28,374	152,591	189,723

③立退者受入計画（立退者輸送費内訳を基に筆者が作成）

受入／送出	国頭村	大宜味村	東村	久志村	993	名護町	羽地村	恩納村	計（人）
那覇市	22,159	−	−	−	−	−	−	−	22,159
首里市	211	8,706	−	−	−	−	−	−	8,917
島尻郡	−	10,364	7,230	3,571	−	−	−	−	21,165
中頭郡	−	−	−	6,369	19,120	−	2,119	6,048	33,656
恩納村	−	−	−	−	−	−	−	735	735
本部町	−	−	−	−	−	−	−	1,213	1,213
今帰仁	−	−	−	−	−	−	−	504	504
伊江村	−	−	−	−	−	−	2,577	−	2,577
名護町	−	−	−	−	−	4,440	835	−	5,275
羽地村	−	−	−	−	−	−	3,799	−	3,799
計	22,370	19,070	7,230	9,940	19,120	4,440	9,330	8,500	100,000

④緊急施設諸費内訳（要点のみ記す）

立退者を 189,723 人、3 カ月 90 日として計画

- 立退者輸送費　　431,422 円
- 立退者収容費　15,367,563 円（1 人 1 日 0.9 円）
- 医療費　　　　　284,584 円
- 収容施設費　　23,254,003 円（立退者 189,723 人の中 37,132 人は既設建物に収容、残りの 152,591 人分 6,104 棟〔1 棟に 25 人収容〕を計画）
- 住宅建築費　　6,104,000 円
- 防空壕建築費　12,208,000 円（1 カ所 10 m の壕 6,104 カ所）
- その他諸施設　4,942,003 円

（前掲「種村氏警察参考資料」）

この計画を策定する段階で、県庁内の関係各部・地方事務所・市町村の間で調整が行われたが、各市町村の都合もあり、その後何回かの修正変更が行われたことは、後述するように国頭村・大宜味村の記録からも明らかである。

初期の段階で、恩納村は、那覇市民を受け入れるよう示されたが、同村長は、農業のできない那覇市民の受け入れに強く反対し、結局、那覇市民は国頭村が受け入れることになった。

この計画をみると、県としては、まず一〇万人を避難させることに重点をおいていたことが分かる。立退者数調査に示されている最後立退者二一一、六〇八人については、受け入れ割り当てが計画されていない。

しかしながら、④の緊急施設諸費内訳をみると、収容施設としては、既設建物（三七、一三二人収容）以外に、一五二、五九一人分の住宅六、一〇四棟を建築することとし、合計一八九、七二三人を収容する計画である。従って、北部へはまず一〇万人を避難させ、次の段階で、さらに残りの約九万人を避難させ収容する予定であったことが分かる。

一方、①の立退者数調査をみると、今回立退者数一〇〇、〇〇〇人、最後立退者数二一一、六〇八人とあり、合計約三一万人が避難する予定になっている。北部へ約一九万人が避難するとしても、残りの約一二万人が、どこへ避難するかについては計画されていないのである。

この計画で示された、各市町村への割り当ては、二月初旬に一部変更され、さらに二月中旬にも一部変更されたことが、次のような国頭村および大宜味村の記録から明確である。

大宜味村は、当初一九、〇七〇人の受け入れが、二月八日には一〇、二四七人に変更されているのである。また、当初受け入れの予定がなかった那覇市民を、一、五二九人受け入れるように変更されている。さらに、二月十七日、大宜味村長が村内各区長に宛てた「疎開者取扱ニ関スル件」に「去ル二月十三日ノ臨時村常会ニ於テ説明致シ、尚各部落ヘノ割当モ完了致シタルモ、各町村ヘノ割当ガ全部変更トナリタルタメ、之ガ割当ヲナシ、昨日各係員ヨリ説明アリタル筈」とあるのである（福地曠昭『村と戦争』）。

国頭村も、同二月十七日、村長が村内各区長に宛てた「疎開者割当変更通知ノ件」にも、割り当て変更が通知されているように、再度、計画が変更されているのである。しかし、この変更の内容は、史料がなく不明である。

（3） 受け入れ町村の受け入れ準備

北部の国頭郡各町村は、前述のように一九四五年一月下旬に、県から疎開者受け入れ割り当てが示されるや、町村内各部落に対し、受け入れ割り当てを行い、避難小屋の建設など受け入れ準備にとりかかった。

国頭村は二月十七日、二度目の県の計画変更に基づき、表7の様に各部落へ受け入れ割り当てを行った（『国頭村史』）。図示すると、図6のとおりである。

この計画によると、国頭村は、村への割り当て人数一七、八六五人のうち、既設建物に収容しきれ

表７　国頭村疎開者受入割当

字名	収容人員				新築住居数
	既設	学校	新築	計	
浜	230	20	916	1,166	90
比　地	130	－	582	712	58
鏡　地	90	－	405	495	40
奥　間	220	－	1,079	1,299	107
桃　原	120	－	473	593	47
辺土名	270	500	1,417	2,187	140
宇　良	70	－	315	385	31
伊　地	120	－	492	612	59
与　那	200	－	741	941	73
謝　敷	120	－	372	492	59
佐　手	80	－	363	443	36
辺野喜	150	150	636	936	63
宇　嘉	150	－	406	556	40
宜名真	250	170	1,012	1,432	101
辺　戸	114	－	417	531	41
奥	300	150	1,321	1,771	132
楚　州	100	90	564	754	92
安　田	250	150	943	1,343	110
安　波	230	130	857	1,217	85
計	3,194	1,360	13,311	17,865 人	1,404 戸

（前掲『国頭村史』）

ない一三、三一一人に対し、一、四〇四棟の住宅（避難小屋）を建設することとし、それぞれ各部落に割り当てている。

同村の浜部落は、すでに一月下旬の最初の割当て時から避難小屋の建設にとりかかり、約一カ月で四九棟を建設し、残りはその後に建設されたものと判断する。

国頭村へ送り出した市町村の人数は、以下のとおりである。

那覇市　約三、七六〇人
浦添村　約二、八八〇人
与那城村　約二、九三〇人
読谷村　約六、三九〇人
勝連村　約二、〇一〇人

表8　大宜味村疎開者受入割当

	収容人員				
	事務所	民家	学校	新築小屋	計
田嘉里	30	269	–	550	849
識名城	20	227	–	450	697
喜如嘉	30	508	118	900	1,556
饒波	20	137	—	350	507
大兼久	40	163	–	400	603
大宜味	25	116	155	250	546
根路銘	20	201	–	450	671
上　原	15	104	–	250	369
塩　屋	25	474	236	900	1,635
押　川	20	70	–	350	450
屋　古	10	56	–	200	266
田　港	15	84	–	200	299
大　保	10	94	–	300	404
宮　城	10	67	–	200	277
トノキヤ	10	32	–	100	142
津　波	20	263	103	600	986
計	320	2,865	612	6,450	10,247 人

（前掲 福地『村と戦争』）

（前掲 福地『村と戦争』）

大宜味村は、二月八日、表8のように各部落へ受け入れ割り当てを行った（図6参照）。その後二月中旬に、割り当て数の変更があったが、その状況は史料がなく不明である。しかし、大きな変更はなかったものと思われる。同村は、二月十九日から全村をあげて避難小屋の建設にとりかかり、喜如嘉部落は、小屋八五棟、共同炊事場一七棟、便所八五箇を、付近の谷間に建設したのである（同右）。

また、先に引用した二月十七日の「疎開者取扱ニ関スル件」では、「①本村へ指定セラレタル市町村以外ヨリノ受入ハ、絶対ニ之ヲ認メザルコト、②縁故者ハ一応各指定地へ受入タル後、調整セシムルニ付、縁故者ハ各自ノ指定町村へ疎開セ

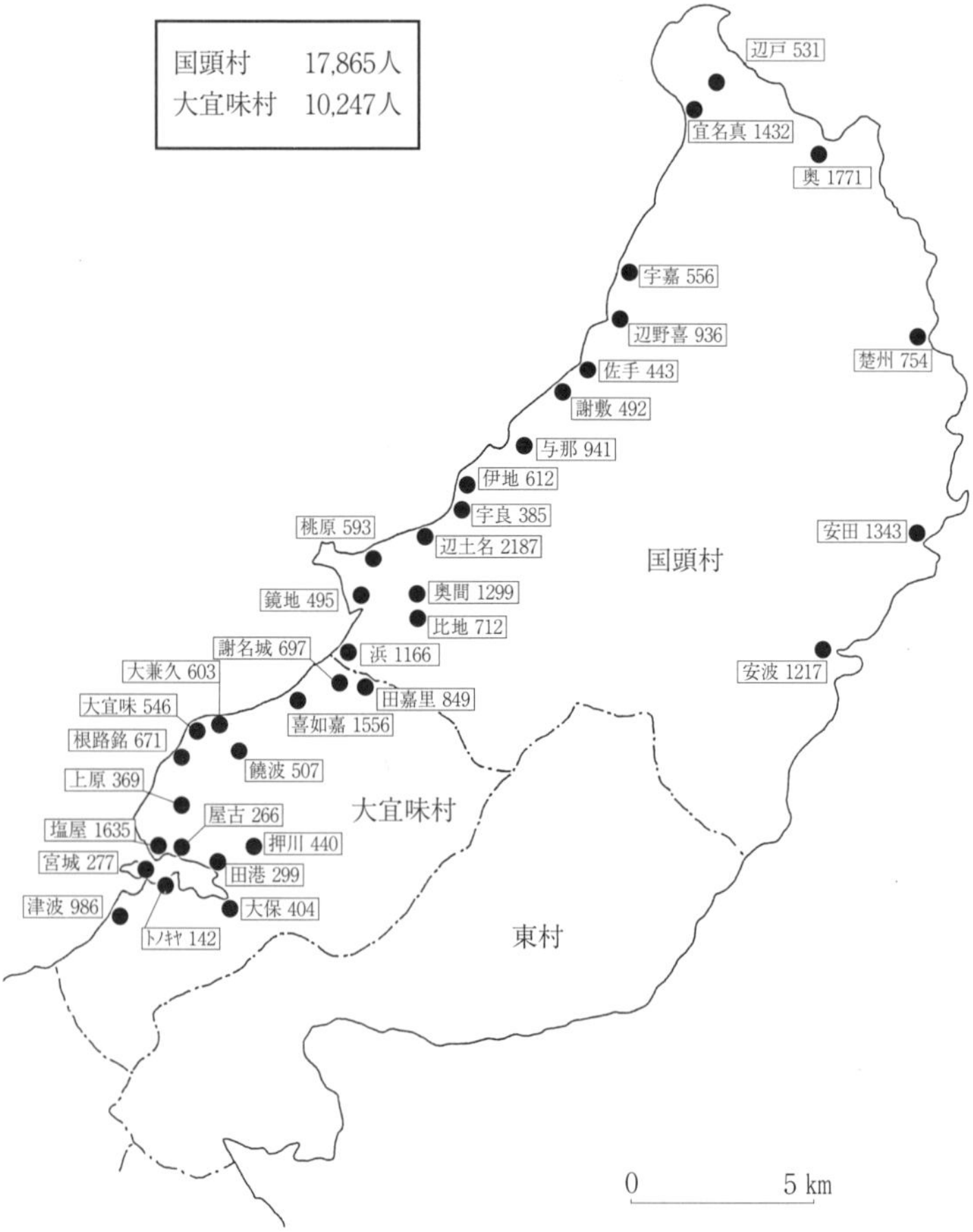

図６　国頭村・大宜味村疎開者受入割当人数
（前掲『国頭村史』、福地『村と戦争』に基づき筆者作成）

シメ置クコト、③疎開通過者ノ指定宿泊所ハ、本村ハ塩屋ト大宜味ノ二カ所ニ指定セラレアルニ付、其ノ他ニ於ケル宿泊ハ可成クナサザルコト」と留意事項を達し、受け入れにかなり厳しい対応をしているのである。

名護町は、一月に避難小屋三〇〇棟の割り当てがあり、町の公有林内に、三六五棟の避難小屋を建設した。以上のように、各町村ともそれぞれ受け入れ準備を行っていったのである。

(4) 北部への避難の開始

沖縄県が、第三二軍の要請と内務省の指令により、一九四四年十二月中旬頃、島内避難の計画に着手したことについては、(1)で述べたとおりである。その頃の十二月二十三日、泉守紀知事が、戦時災害復旧対策の諸問題解決のため上京し、そのまま帰任せず、翌年一月二十二日、香川県知事に転任した。後任には、大阪府内政部長の島田叡が任命された。

島田知事は、一月三十一日着任、早速二月四日～五日に、北部国頭地方を廻り、避難者受け入れ予定地区の状況を視察する等、臨戦態勢の整備に着手したのである。折しも二月七日、第三二軍は連合艦隊から、敵が新作戦計画を準備中で、二月以降小笠原・本土・南西諸島のいずれかに来攻するであろうとの通報を受け、いよいよ沖縄来攻は必至であると考えた。

第三二軍長参謀長は、早速県庁を訪ね、島田知事以下部課長等が参集した知事室で、米軍の沖縄来攻が近いことを説明し、住民の食糧確保と既定計画による老幼婦女子の北部への避難を県側に要請した。

要請を受けた県は、その日の午後から連日部課長会議を開き、食糧の確保および避難計画の具体的実行策を討議し決定していった。ここに初めて、北部への避難が、組織的・本格的に開始されることになった。先の十月十日の那覇空襲や一月初旬の空襲時にも、多くの人が北部へ避難したが、これは個人個人が一時的に無統制に避難したものであった。今回の避難は、前述したように、県↓市町村↓部落という系統で、組織的かつ大規模に実施するものであった。

まず、二月九日、「県内人口調整要綱」を発表し、三月末までに中南部の一〇万人を、国頭郡に立退（避難）かせることを、初めて県民に知らせた。その概要は、以下のとおりである。

一、立退対象者は、六〇歳以上一五歳未満の老幼者・妊産婦・病弱者およびこれらの保護に当たる者とする。
二、各市町村は、既に通知済みの立退者人数割り当て、受け入れ人数割り当てに従って、該当者を三月末までに立退かせる。
三、縁故者は縁故先へ立退かせ、無縁故者は各市町村ごとに、約一〇名を一組に編成し、五組を一隊として集団的に行動させる。
四、輸送は、県内交通機関を総動員して行う。歩行に堪える者は、徒歩移動する。移動経費は、県で負担する。

この立退（避難）の計画を徹底するために、二月十日、那覇・首里・島尻・中頭の市長・地方事務所長・町村長および学校長などを、県立第二中学校に集め、緊急協議会が開かれた。会議には、島田知事・伊場内政部長・荒井警察部長・第三二軍後方参謀木村中佐などが出席し、次の具体策が徹底された。

一、戦局は非常に緊迫しているので、一日一刻も早く、県内人口調整による一〇万人の国頭郡立退きを行い、本月中に四万人を移動させ、三月一杯に全計画を完遂する。差当り本月立退きの四万人は、既存建物を利用して収容する。

二、立退き該当者で、六〇歳以上一五歳未満でも、可動力あり戦力となって踏み止まって戦える者は、立退かなくてもよい。

三、家族立退きのため、可動力ある者まで、紊りに立退かぬように抑制する。

四、輸送には軍も協力して貰い、出来るだけ陸上・海上交通機関を動員して、病弱老人で歩行に堪えぬ者を優先し、歩行可能者は、早く歩行で立退かせる。

五、以上国頭郡移送を早急に実行するため、各市町村は、十一日一斉に部落会長・町内会長に徹底し、十一日から十三日までに部落常会・隣組常会を開き徹底し、十三日から即時移動させるよう、電光石火の処置をとること。

六、このため市町村は、吏員の三分の一を国頭郡町村へ派遣、移動事務に協力させる。

七、第一次は、那覇市・島尻郡・中頭郡の海岸地帯から立退く。

そして、那覇市・首里市・島尻郡・中頭郡の立退き人数は、次のとおりと発表された。

那覇市 一五、七七五人、首里市 五、〇七〇人、島尻郡 三一、一七三人、中頭郡 四〇、六七二人
合計 九二、六九〇人
（前掲 浦崎『消えた沖縄県』、『沖縄新報』一九四五年二月十一日）

島田知事は、これらの業務を遂行するため、県の機構改革を断行、まず十一日に、これまでの特別援護室を廃止して、内政部に人口課を設置し、県外疎開・県内避難などの人口移動業務を主管させた。また、食糧配給課・地方事務所を充実強化し、疎開・避難等の業務の推進を図った。

食糧対策として、①県内貯蔵米や甘藷を、受け入れ人数に応じて、各町村に分散輸送する、②各町村でも、自給態勢を確立することを決定した。県では既に一九年七月、甘蔗六、〇〇〇町歩を全面的に廃止して、甘藷五、〇〇〇町歩、野菜一、〇〇〇町歩に転換し、食糧不足に対処していたのである。

また県は、避難小屋建設のため、名護に建設本部を置き、土木課職員を動員して町村の指導に当たった。各町村は、既に述べたように割り当て数の小屋を建設していったのである。

『沖縄新報』一九四五年二月二十七日号は、「県では立退老幼者の住む仮小屋を、受入全地域に、六、〇〇〇戸建設の計画を立て、目下進捗しつつあるが、その資材は県林務課が、受入地村民を督励して、国有林・県有林・民有林を伐採、各部落は男女総出で学童も挺身、伐出しに搬出に敢闘、三〇パーセントの進捗をみている。六、〇〇〇戸に要する資材は、木材四〇、〇〇〇石、茅一二〇万束、竹一〇万束であるが、三月一杯では、悠々と完了される見込みである。」と報じているが、実際には労働力不足のため、計画通り進まなかった。

県は、二月中に四万人、三月中に六万人を避難させることとして、二月十三日から直ちに移動開始

させようとしたが、現実には、縁故者はともかく、無縁故者は、即時に移動できる態勢にはなかった。各市町村は、町内会・部落常会・隣組常会を開き、避難の趣旨を徹底して、避難者を募り、各種の調整等を行った上で、避難者の組を編成し、避難者は家財の整理・持ち物準備等をして避難を開始することになるのである。避難計画が、事前に周知徹底されていたのであれば、相応の準備もできたであろうが、急に避難を指示されても、諸般の準備のため、直ちに移動できるものではなかった。

勝連村の例を見ると、二月十三日に各字部落常会開催、役場吏員派遣、二月十五日区長会開催、二月二十五日村長・助役、郡常会に出席、三月四日各字部落常会開催、役場吏員派遣、三月五日第一次疎開予定者八一九人と報告、三月六日区長会開催、三月十一日区長会開催、三月十三日第一次疎開者出発という経過をとっているように、出発までに約一カ月を要しているのである(福田恒禎『勝連村誌』)。

このような経過で北部への避難が開始されたのであるが、その移動の状況について、浦崎純人口課長は、次のように述べている。

国頭地区への退避は、輸送力の事情で困難をきわめた。こうしたなかで、小禄村にいた海軍設営隊は、部隊の手持ちのトラックを総動員して、退避に協力してくれた。おかげで、小禄村はどの町村よりも早く作業を終えた。わずかではあったが、一、二の町村でも徴用した車両の一部を返して協力してくれる部隊もあった。しかし、このような町村は、全体からすればほんの一部で、多くの町村は輸送力なしの徒歩移動であった。県の計画では、それぞれの町村から移動先の町村までの距離を、公平にすることで細心の考慮をはらってはいたが、そのほとんどが徒歩によるしかなかった。五十キロメートルを越す道のりであったから、思いやられる強行軍である。」「軍の管理していた県営鉄道も、移動者の便乗を許してはくれたが、それもその時々の都合で、専用というわけにはいかなかった。病人と歩けない年寄に限られ、それも那覇―嘉手納間であった。」

（前掲 浦崎『消えた沖縄県』）

人口課で避難者の輸送係をしていた嘉手納宗徳嘱託は「陸軍部隊がトラックを出したり、ずいぶん立ち退きに協力してくれた」と述べているように、陸軍部隊も相当避難に協力していたと思われる。かくして、三月中旬までに約三万人が、北部へ避難したのである。

（5） 米軍上陸直前の避難

北部への避難が逐次実施されている折の三月二十三日、米軍艦載機が来襲、朝から夕刻に至る間、のべ三五五機をもって沖縄本島を攻撃し、引き続き二十四日には、朝から艦載機のべ六〇〇機が来襲するとともに、米艦隊が南部地区に対し艦砲射撃を開始した。

第三二軍は、米軍の上陸が間近いと判断し、各部隊に二十五日以降甲号戦備（全部隊が戦闘配備に就く）に移行するよう命じた。各部隊は戦闘配備に就き、米軍の上陸攻撃に備えた。艦砲射撃と空襲は、連日繰り返され、沖縄への上陸がいよいよ現実のものとなってきた。

三月二十四日、県知事は北部避難について、次のように達した。

一般的避難命令ハ特別ノ事情ナキ限リ是ヲ発セズ、現在実施中ノ県内疎開ヲ、今夜実施スルニ付キ、市町村其ノ他ノ機関ト緊密ナル連絡ノモトニ万全ヲ期スベシ。但シ敵上陸ノ算、大ナル地点ニアリテハ、現地軍ト緊密ナル連絡ノモトニ、皇土防衛義勇隊ハアクマデ皇土防衛ニ挺身シ、其ノ他ノ者ハ戦場焦点トナラザル地点ニ適宜避難セシメルモノトス。疎開者通行沿道ニ於ケル警備ニ付イテハ、警察官・警防団ヲ配置シテ、万遺憾ナキヲ期スベシ。疎開者受入地ニ在リテハ、疎開者ノ混乱ヲ来タサザル様、万策ヲ講ズベシ

（前掲 福地『村と戦争』）

と。これは、今回の避難が、強制避難命令によるものではなく、あくまで従来と同じ勧奨によるものであることを示している。

三月二十五日、県知事は緊急部課長会議を開き、県庁の首里移転を命じ、戦場行政に挺身するよう指示した。人口課の職員は、夜になると、弾雨をくぐって、北部への避難督励に駆け回り、食糧配給課の職員は夜通し食糧の分散輸送に当たった。また、北部地区に避難した老幼婦女子の掩護応援のため、国頭地方事務所に職員が派遣された。さらに同日、北部への避難者の増大に対処するため、塩屋警察署が大宜味村塩屋に創設された（前掲 浦崎『消えた沖縄県』）。

中・南部の住民は、米軍の艦砲射撃が始まると、いよいよ米軍の上陸が近いと判断し、北部への避難を急いだ。以後、米軍上陸前夜まで連日連夜、北部へ向かう避難者が殺到し、道路は避難民で溢れる状態であった。昼間は、空と海から砲弾を浴びせられるので、避難民は、日暮れから深夜にかけて、持てるだけの食糧や衣類を、荷車に積み、肩に持ち、幼い子供は背負い、歩ける子供は手を引き、北部へ向かっていった。

当時、航空作戦指導のため、首里の軍司令部から中飛行場へ向かった航空参謀神直道少佐は、途中で北部へ向かう多数の避難民の姿を見て、次のように日誌に記している。「島民老若婦女子南部より逐次北部に疎開移動しあるを見る。国民のこの苦心を見ても、滅敵一途の覚悟新たなるを覚ゆ」と。

浦崎人口課長も避難の状況を、次のように述べている。

国頭への移動を気乗りせずにいた南部の住民は、轟く艦砲の一撃を食って、我先にとクモの子を散らすように、僅かばかりの食糧と身回り品を背負って、国頭への夜間移動を始めた。杖にすがり、児を背負い、手を引いて粛々と夜の街道を足早に落ち延びて行く、運命の島の年寄り・女・子供の血の気のない脅え切った姿は、見るに耐えなかった。六十歳以下の男子は、ことごとく居村に踏み止まって、軍の作業に使役させることを堅く守らされていたので、避難する老幼婦女子の群れは、男の案内も助けもなしに、道中の危険をおかして、かねて受入れを割り当てられた村へと、夜道を急いだ。（浦崎純「第二次世界大戦と沖縄」〈沖縄朝日新聞社編『沖縄大観』〉）

当時、あわてて北部へ避難した人も、「非常用かばんの中には、お位牌の写し、系図、預金通帳、印鑑、メモ帳、救急薬品などをまとめた袋と、食糧を少し入れた。まず用意したおにぎりを食べて、晩八時頃那覇（久米町）を出発して泊方面から北へ北へと、なれない夜道を歩き続けた。道いっぱいの避難民たちは皆、無言の行進を続けている。左右に幼児の手を引き、背中に赤ちゃんを背負うて歩く母親や、とぼとぼ歩く老人の姿などもあちらこちらで見られるし、迷子の幼児や老人の姿を見ても救えないほど、みんな自分の家族を連れて歩くのもやっとであった」と証言している（『那覇市史』資料編、第三巻、七）。

　このように、北部への避難民は、米軍の艦砲射撃開始によって一挙に増大し、無統制のまま、北部国頭地区に雪崩れ込んでいったのである。計画通り指示されていた所へ、避難出来た者もいれば、途中の部落に避難してしまった者もいた。

　米軍の沖縄本島上陸が刻々と迫って、第三二軍司令部は、遂に三月三十一日、老幼婦女子の北部への移動停止を指令した。浦添村牧港以南にある移動者は、北進を止めて直ちに付近の村落へ潜入する様にとの指令である。指令は、県庁職員が弾雨をくぐって、村役場や部落の事務所に伝達された。名護街道に立ちはだかって、移動者の北進を止めさせる任務につく者も派遣された（前掲 浦崎『消えた沖縄県』）。

　四月一日朝、米軍は遂に嘉手納海岸に上陸を開始し、配備兵力の少ない日本軍を圧倒して、四月三日には東海岸に達し、沖縄本島を南北に分断した。かくして、北部への避難は、完全に閉ざされてしまった。

　米軍が艦砲射撃を開始してから上陸するまでの間に、北部へ避難した人々の数は、約五万人であった。事前に避難した約三万人を合わせ、合計約八万人が北部へ避難したことになる。これは当初計画の八割であった（前掲 八原『沖縄決戦』）。

　北部への避難者を受け入れた町村は、表9のとおりである。

表９　避難者受入先

送出＼受入		国頭村	大宜味村	東村	久志村	金武村	本部町	今帰仁村	羽地村	名護町	恩納村
		受入側町村									
国頭郡	伊江村						○	○			
国頭郡	本部町						○				
国頭郡	今帰仁村							○			
国頭郡	羽地村								○		
国頭郡	名護町									○	
国頭郡	恩納村										○
国頭郡	金武村					○					
中頭郡	読谷山村	○									
中頭郡	北谷村								○		
中頭郡	越来村								○		
中頭郡	美里村								○		
中頭郡	具志川村			○		○					○
中頭郡	勝連村	○									
中頭郡	与那城村	○				○					
中頭郡	中城村				○						
中頭郡	宜野湾村							○			
中頭郡	浦添村	○									
中頭郡	西原村				○						
那覇市		○	○	○				○			
首里市								○	○		
島尻郡	真和志村		○								
島尻郡	小禄村									○	
島尻郡	豊見城村		○								
島尻郡	南風原村					○					
島尻郡	大里村					○					
島尻郡	佐敷村										
島尻郡	知念村					○					
島尻郡	玉城村					○					
島尻郡	東風平村				○						
島尻郡	具志頭村					○					
島尻郡	兼城村										
島尻郡	糸満町										○
島尻郡	高嶺村		○								
島尻郡	真壁村		○								
島尻郡	喜屋武村										
島尻郡	摩文仁村										

※佐敷村・兼城村・喜屋武村・摩文仁村については不明である。
※この表は、筆者が各市町村誌(史)により作成した。

(6)　避難後の北部での生活

北部国頭地区へ避難した中・南部の人々は、それぞれの受け入れ割り当て町村部落へ受け入れられ、学校・部落事務所・一般民家等の既設建物および新設の避難小屋に収容された。

避難小屋は、大宜味村の根路銘では、次のようであった。

地元で立ててくれた避難小屋は、山あいの雑木の合間に幾棟か建っていた。二軒長屋の一軒があてがわれ、三坪ほどの部屋だった。床は細い床持ちに竿より細い大小の太さの竹を並べた床で、体重の軽い小柄な私でも、よく竹の間に足を突っ込み痛い思いをした。露を凌ぐ程度のもので、雨が降ると、三坪の部屋は何十カ所も雨がざあざあと漏り、立っている場所もなく、濡れる体を丸めて、狭い部屋を七人の家族が、少しでも濡れないようにと動き廻った。

（前掲『那覇市史』資料編、第三巻、七）

このような厳しい住居環境の中ではあったが、受け入れ側も、避難してきた人との融和に努めたのである。大宜味村では、次のような通達を各部落会長に出し、避難民との融和を図ったのである。

大宜味村長

昭和二十年三月二十日

各部落会長殿

立退者受入後ノ部落民トノ融和促進ノ件

戦局ノ急迫化ニ伴ヒ、県内人口調整問題ガ、県行政当面ノ問題トシテ実施以来、食糧ノ確保、応急住宅ノ設営等、受入郡町村トシテノ受入態勢ハ、貴職格別ナル御奮斗ニヨリ、物心両面共確立シアルモノト思料セラルルモ、本問題ノ円滑ナル進捗ヲ遂ゲ、立退者ヲシテ真ニ安住ノ地タラシメルニハ、先ヅ受入部落ト立退者ノ融和ヲ図ルニアリ。新村民ヲ迎ヘ新ナル決意ノ下、双方相携ヘ、戦争完勝ヘ邁進致シ居ルコトト存ジ候モ、各部落ニ於テモ更ニ一段ノ促進ヲ計ルタメ、臨時部落常会並ニ隣保班常会ヲ開キ、左記諸項ノ実践ニヨリ、相互ノ密接ナル連絡ヲ図リ、万遺憾無ヲ期セラレ度。

記

一、各部落ニ於テ受入終了後数日内ニ、立退者ノ入字式ヲ挙行シ、引続キ立退者ト部落幹部ノ懇談会ヲ開キ、相互ノ連絡ヲ蜜ニスルコト。

一、各隣保班ニ於テモ、入字式終了後、適宜隣保班常会ヲ開キ、隣保精神ノ昂揚ヲ図リ、立退者ヲシテ新生活ヘノ希望ト確信ヲ得セシムルヤウ取計フコト。

一、部落内ニ立退者ノ指導連絡係ヲ置キ、適切ナル指導連絡ニ当ラシメルコト。

一、荒廃地、未利用地ノ耕起等ノ共同作業ニモ、疎開者ヲ夫々ノ力ニ応ジテ当テ、参加サセ、勤労ヲ通シテ相互ノ連絡ヲ図ルコト。（以下略）

（前掲福地『村と戦争』）

このような融和努力は、米軍の進出に伴い、山中に逃げるまでの間、続けられたものと思われる。

国頭地方事務所長は、空襲による米の焼失の恐れと、今後の補給の可能性が少ないこと等を考慮して、三月二十九日、次のような通知を管内町村長に出し、米の節約と食い延ばしに努めるよう指導した。

一、供出管理米ハ、全部精米ノ上、配給ニ支障ナキ様準備スルコト。
二、配給基準量ハ、一人一日当リ、地元非農家八勺（一一〇瓦）、疎開者一合二勺トス。
三、空襲ニ依ル保管米ノ焼失等多々アルヲ以テ、予メ消費者ニ五十日分（自四月一日至五月二十日）ヲ配給シ置クコト。但シ精米其ノ他ノ関係デ、一回ニ配給出来ザル場合ハ、二回ニ分ケ配給スルモ差支ナキモノトス。
四、県外並ニ郡外ヨリノ米ノ移入ナキ限リ、今回以後配給ナキニ付、配給ニ当リテハ、極力節米ヲナシ食延ス様、消費者ヲ指導スルコト。（以下略）　（同右）

このようにして、五〇日分の米が一括して配給され、後は打ち切りになったのである。しかも、その配給は指定疎開者に限られ、後から来た避難民に対しては、何ら援護の手を差しのべることができなかった（前掲 仲村『沖縄警察とともに』）。

四月三日以後米軍は、北上を開始し、四月六日には名護に上陸し、いよいよ国頭地区も米軍の攻撃を受けることになった。中南部からの避難者も地元民も、危険を感じてだんだんと山の中へと避難していった。国頭山中の谷間には、中南部から避難して来た避難民約八万人、国頭地区の地元住民約一二万人の合計約二〇万人が避難し、以後数カ月間、山中で食糧不足と闘いながら、悲惨な生活を続けることになったのである。

加えて、米軍との戦闘に敗れた国頭支隊の敗残兵が、避難民の食糧を強奪するという惨状があちこちで起り、避難民は、米軍よりも日本軍の敗残兵の方を恐れるという状況になってきた。

山中での生活状況を避難者は、次のように述べている。

> 中南部から続々と避難民や敗残兵が押し寄せ、村の農産物は一月もたたないうちに取り尽されてしまった。山中の食糧難は、深刻をきわめていた。避難民たちは、野草・そてつ・椎の実・ヘゴ・川魚・青大将・やもり・みみずなど食べられるものは、何でも食べた。五月になると、栄養失調で死ぬ者が続出した。私たちは、餓死か投降かという極限状況に追い込まれていた。山奥の小川沿いに、何十軒と続く空き家となった避難小屋の中には、飢え死んだ老人や幼児の死体がいくつも見られた。その当時、私にとって、ハブよりもはるかに恐ろしいのは、日本軍と米軍であった。日本兵は、毎日のように避難小屋を廻って、銃や日本刀を突きつけて、乏しい食糧を強奪したので、狼よりもこわかった。米兵は、避難民を見つけ次第、捕虜として連行し、逃げると老幼男女の別なく銃殺したので、虎よりも恐ろしかった。山中の避難民の多くは、この前門の虎と後門の狼の、はさみ撃ちに会って餓死したのである。（前掲『那覇市史』資料編、第三巻、七）

このように避難民は、悲惨と恐怖のなかで、山中生活を送ったのである。しかし、このような避難民も、食糧の欠乏と米軍の投降勧告により、五月以降逐次山を下り、米軍に収容されていったのである。

二、戦闘開始後の南部への避難

(1) 上陸正面地域の住民の避難

一九四五年四月一日嘉手納海岸に上陸した米軍は、四月三日には東海岸に達し、沖縄本島を南北に分断し、引き続き主力をもって、南部主陣地帯に対する攻撃を開始した。上陸正面付近の、読谷山村・北谷村・越来村・美里村・具志川村・勝連村・与那城村などの住民で、北部へ避難せずに残留していた者は、逃げ場を失い、そのほとんどが数日のうちに、米軍に収容されてしまった。

宜野湾村・中城村以南の住民は、逐次、各個人ごとあるいは各家族ごとに南方へ避難していった。部落の自然壕などに残留していた者は、戦火の犠牲になったが、多くは米軍に収容された。

首里北方の南部主陣地帯は、四月五日以降米軍の猛攻を受け、激戦を展開したが、優勢な敵戦力に圧倒され、四月二十二日頃までには、第一線陣地のほとんどが、米軍に奪取されてしまった。

第三二軍司令部は、四月二十四日、このような戦局を考慮して、首里周辺の住民を遅くとも二十九日の天長節までに、南部へ避難させるよう、県に対し要請した。この要請を受けて、県知事は四月二十七日に、未占領地域の市町村長・警察署長を、繁多川の警察部の壕に集めて、合同会議を開き、今後の戦場地行政について協議した。席上知事は、「戦局の推移につれて、多数の避難民の移動を考えねばならないが、受入れに当たっては、同胞愛を大いに発揮してもらいたい。県民は今、上陸米軍を撃滅するために、共通の苦しみを苦しんでいる。勝利の日まで辛抱を続け、頑張り抜こう。」と訓示した(前掲 浦崎『消えた沖縄県』)。

(2) 南部への避難

前記合同会議の知事の訓示にあるように、知事は、多数の避難民が南部へ避難することを予測して、その対応準備を要請したのである。県自身も、このような事態に対処するため、警察部を除く全職員をもって「沖縄県後方指導挺身隊」を、次のように編成した。

知事　幕僚班　警察部長・官房主事・特高課長・農務課長・林務課長
　　　　　　　畜産課長・会計課長
　　　挺身隊本部　企画班(人口課長)
　　　(隊長土木課長)　戦意高揚班(教学課長)
　　　　　　　増産指導班(石橋技師)
　　　　　　　壕設営指導班(耕地課長)
　　　　　　　伝令班
　　　　　　　地方分遣隊数隊(各隊一～二町村担当)

四月二十九日の天長節を境にして、首里周辺の住民は、続々と南下し始めた。攻撃の止んだ夕刻から夜明けにかけて、食糧・食器・鍋釜など、食べるのに必要な最小限の荷物を、担いだり、頭に載せたりして、南部へと避難していった。

しかし、この避難は、当初から計画されていたものではなかったので、各家族ごとの思い思いの避難行動であった。

その後、首里戦線も危うくなり、五月二十五日第三二軍は、南部に後退して与座岳・八重瀬岳の陣地で、最後の戦闘を行うことを決定し、五月末から逐次南部へ後退し、新配備に就いたのである。

これに伴い、第三二軍は、知念地区を避難地と指示し、同地に残置してある混成旅団の食糧・被服の自由使用を許可した。この指令は、隷下の部隊や警察機関・義勇隊の宣伝班・壕内隣組等の手を経て、一般住民に伝達された。しかし、この指令は徹底しなかった。第三二軍司令部も各部隊も、南部への後退作戦に忙殺され、この指令を徹底する余力がなく、県側への連絡も不徹底に終わった。

県側が、これを承知したのは、五月二十九日、与座の第二四師団司令部における、軍と県との連絡会議においてである。この会議に、県側は久保田挺身隊長と浦崎人口課長が出席し、第二四師団の杉森参謀から、知念・玉城両村方面への避難を指示された。しかし、指示はすでに時期を失していた（前掲『那覇市史』資料編、第三巻、七）。

軍側も県側も、どんどん南下してくる避難民に、知念半島方面への避難を指示し誘導しようとしたが、米軍の進撃が速く、また避難民も、軍と離れることに不安を抱き、結局、軍のいる喜屋武半島地区へ避難していったのである。

南部への避難は、すでに四月から始まっており、首里戦線が危うくなった五月下旬には一段と増加していった。この南部への避難の状況を、当時の女学生は、次のように証言している。

真っ暗な夜道を津嘉山をへて山川・友寄と通って行きますと、何と人の多いこと。それぞれ荷物をかついでいる人や、頭にのせている人、てんびん棒に一カ所は荷物、一カ所は子供をのっけて担いでいる人、それらの人たちはみんな恐怖のためか、唯一人しゃべる人もなく、黙々と南へ南へと歩いているばかりでした。（中略）照明弾が上がると、道行く人はみんな、その場に荷物を投げ出し、ぱっと腹ばいに伏して身じろぎもせず、じっとそのままにしたものでした。歩く道すがら、その連続でなかなか思うようにすすみませんでした。

何よりもまず私たちを驚かせたのは、道のあちらこちらに、たくさんの死んだ人が、ゴロゴロしていることでした。誰一人として葬られた人もなく、無残にも荷物を持ったままや、肩にリュックを背負った人、さまざまでした。何よりも悲しく涙をさそったのは、子供をおぶったままの母親が死んで、その背中で母の死も知らずに、無心にバタバタ動きもがいている子供を見たときでした。手を差しのべて何とかしてあげたいと思っても、何もしてやれませんでした。道行く人も、私をはじめ誰一人として、手を差しのべてくれる人はいません。

（前掲『那覇市史』資料編、第三巻、七）

このような大変悲惨な状況下で、喜屋武の狭い地区に、多くの住民が避難したため、喜屋武半島地域は、軍と住民が混在することになった。従って、砲火から身を守るための壕も不足し、直接砲火を

表10　月別性別戦没者数

	3月	4月	5月	6月	計	割合
男	951	10,882	13,620	24,771	50,224	58.9%
女	879	6,724	9,025	18,399	35,027	41.1%
計	1,830	17,606	22,645	43,170	85,251	
割合	2.1%	20.7%	26.6%	50.6%		

（沖縄県文化環境部平和・男女共同参画課資料）

浴びて斃れる者が続出した。最後には、住民が部隊に混入した状態で米軍の直接攻撃を受け、多大の犠牲者を出す結果となった。

第三二軍の喜屋武半島後退作戦に伴う、住民の知念半島への避難が成功していれば、喜屋武地区での悲惨な損害は防止し得たであろう。また、第三二軍が首里周辺住民の南部への避難を指示した四月二十四日頃、避難先を知念半島と明確に指定し、徹底していたならば、住民の犠牲はかなり軽減できたであろう。

いずれにせよ、この知念半島への避難は、当初から計画・準備されていたものではなかったので、実際に大量の住民が避難した場合、これらを収容することは困難というよりも、不可能であったであろう。

沖縄戦で亡くなった住民の、月別の数は、表10のとおりである。

これを見れば分かるように、戦没した住民の半数が、六月に始まった南部戦線で発生している。五月末に首里戦線から南部に後退した日本軍に対し、米軍は更なる攻撃を加えるべく、南部に進撃し、掃討戦を開始した。住民と混在する陣地や洞窟を、砲弾の他に、火炎放射器やガソリンなどによって爆破するなど、無差別攻撃の様相を呈した。多くの住民が、この掃討戦の犠牲になったのである。

三、米軍による収容

米軍は嘉手納海岸に上陸後、三日間で東海岸に達し、沖縄本島を南北に分断してしまったが、このため上陸正面に残留していた住民は、数日間のうちに米軍に収容された。上陸直後に収容された住民は、北谷村砂辺の海岸に設置された収容所に収容された。

戦闘の進展とともに、収容人員が増えたため、中部地区の各部落（島袋・泡瀬・野嵩・胡屋・高江州・南風原・石川・平安座など）に収容所が設置され、空いた民家や臨時のテントを使用し、各地から集められた住民が収容されていった（『沖縄県史』第十巻）。

北部地区の掃討が進むにつれ、羽地村の田井等、国頭村の辺土名、金武村の漢那・宜野座・古知屋、久志村の大浦崎・瀬嵩などに収容所が設置され、北部および中南部で収容された住民が、どんどん送り込まれた。

南部地区では、首里以南の地区から避難していた住民が、喜屋武半島に追い詰められ、多くの犠牲者を出したが、生き残った者は、逐次米軍に収容され、豊見城村の伊良波、兼城村の潮平などの仮収容所や玉城村、知念村の部落に集められ、軍人・軍属・一般住民に分類された上、一般住民は北部に設置された収容所に送られ、軍人・軍属は金武村の屋嘉収容所に送られた。

南部の自然壕や北部の山中では、沖縄戦終了後もなお米軍の掃討を逃れて、避難生活をしていた者もいたが、八月頃までには米軍に収容された。
米軍は、上陸後の四月五日、読谷山村比謝に軍政府を置き、即刻ニミッツ元師の名をもって、「米海軍軍政府布告」第一号を交付し、南西諸島および近海居住者に対し、軍政の施行を宣言した。以後、六月下旬まで、盛んに住民向けビラを散布し、住民の収容・保護に努めた。撒かれたビラの一例は、次のとおりである。

住民に告ぐ(第五二二号)

近いうちに激しい戦いがこの島で行われます。戦場の近くに残っている皆さんは、日本軍に向かって射つ米軍の小銃弾、大砲の弾やロケットや爆弾をさけることはできません。それで早く安全な所に逃げなさい。また、落下傘部隊にも気をつけてなさい。自分の家に帰っても安全な時がくれば、米軍の司令官は皆さんに知らせます。米軍はできるだけ皆さんの命や財産や家族に損害のないように気をつけています。私たちは皆さんが、元の平和な暮しができるようにしたいのです。そしてできるだけ早く戦争のある所から逃げて、家に帰ってもよいという知らせがあるまでまっていなさい。

(『沖縄市町村三十年史』上巻)

このようにして、米軍は戦闘中も、住民を戦場や避難先から救出して、収容所に収容し保護した。各収容所には軍政隊長を配し、その下に住民代表の村長(mayor)を置いた。村長には、従来その地の区長であった者とか、旧公務員とか、社会的に相当の地位にあった者などが、軍政府によって任命された。収容所では、生きていくうえで最低限必要な食料品・水・衣料・医療品などが与えられた。そのかわ

表11　十二市の人口

市　名	人口(人)
辺土名市	29,497
田井等市	55,266
瀬嵩市	28,680
久志(大浦崎)市	29,027
古知屋市	19,194
宜野座市	37,036
漢那市	27,661
石川市	23,033
胡差市	10,286
前原市	40,183
平安座市	7,992
知念市	17,914
合　計	325,769

(前掲『沖縄市町村三十年史』)

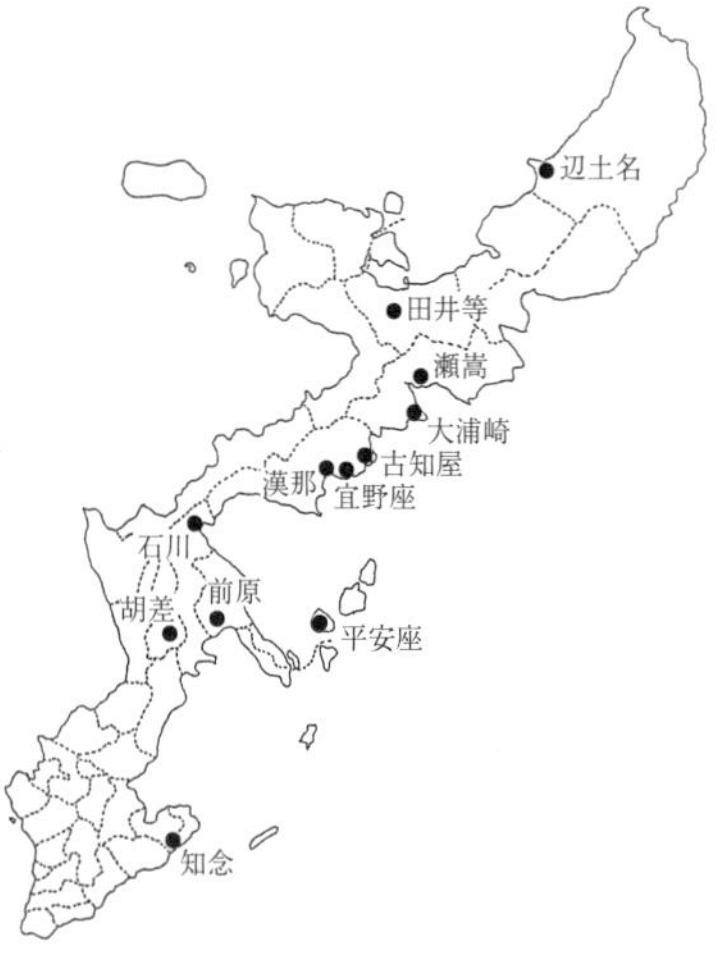

図7　住民収容所(市)の位置
(前掲『沖縄市町村三十年史』)

り、住民は米軍の指示に従って、物資運搬や道路工事などの作業をしなければならなかった。食料は、配給だけでは足りないので、憲兵の監督の下で、畑作物の取入れ作業に出かけた。その後、収容所は図7のように、辺土名・田井等・瀬嵩・大浦崎・古知屋・宜野座・漢那・石川・胡差・前原・平安座・知念の一二カ所に整理統合され、これらがそれぞれ市となり、選挙に依り市長が選ばれた。

一九四五年十月十日における一二市の人口は、表11のとおりである。

四、宮古・八重山の状況

(1)　避難の準備・計画

宮古・八重山地区には、第二八師団長の指揮する先島集団（第二八師団・独立第四五・五九・六〇旅団等）が配置され、宮古島には集団主力が、石垣島には独立第四五旅団がそれぞれ守備に就いていた。

宮古地区における疎開業務は、支庁・警察署が主体となり、各町村の協力を得て、一九四四年八月頃から進められ、約一万人が台湾へ疎開した。台湾では、総督府の計画に従い、台北・新竹・台中・台南・高雄などに、割り当てられた。

台湾へ行かず九州へ疎開した者は、第一陣として八月十八日に下地村の一〇〇余人、第二陣として八月二十日に平良町・城辺村・伊良部村の二〇〇余人、第三陣として平良町・城辺村・伊良部村の人達と合計数百人が、宮崎と熊本の二県に疎開した。学童疎開は、八月十八日、平良町・下地村の学童八〇人が宮崎県小林町に疎開した。宮古からの学童疎開は、この一回限りであった（『平良市史』第一巻、通史編I）。

石垣島では、石垣町から約三、〇〇〇人が台湾へ疎開した。船は軍に徴用された四、五十屯の機帆船で、石垣港から基隆に断続的に輸送した（前掲 牧野『新八重山歴史』）。

島内避難については、九月に県の「県民指導措置要綱」が示され、これを受けて、後述する八重山郡のような計画が、宮古郡でも策定されているはずであるが、宮古地区に関するものは残されていない。宮古地区に関する史料は少なく不明な点が多いが、『先島群島作戦　宮古篇』（瀬名波栄）によると、平良町の住民は添道一帯に、城辺村・下地村の住民は島の中央部の野原越一帯に、それぞれ避難させることを予定していた。また、『平良市史』第一巻、通史編によると、平良町から伊良部村の各字へ避難が計画実施されたとあることから、対岸の伊良部村への避難が計画されていたと判断する。八重山郡についても、九月に、前述した県の「県民指導措置要綱」が示され、これを受けて八重山郡は「県民指導措置八重山郡細部計画」を策定した（大田静男『八重山の戦争』）。その内容は、以下のとおりである。

県民指導措置八重山郡細部計画

第一　目的

敵ノ反復空襲艦砲射撃上陸等非常事態発生シ、又ハ発生ノ虞アルニ際シ、住民ヲ保護シ被害ヲ最小限度ニ止メ、以テ軍ノ作戦行動ニ寄与シ、必勝不敗ノ警備態勢ヲ全フセントス。

第二　要領

本計画ハ県民指導措置要綱及ビ石垣地区民防衛要領ニ基キ、主トシテ戒厳下令前ニ於ケル民防衛避難ニ関スル規定ニシテ、沖縄県知事又ハ石垣地区守備部隊長ノ命ヲ承ケ、軍警備隊及ビ関係機関ト密接ナル連携ノ下ニ、八重山警察署長之ヲ実施ス。但シ戒厳下令後ニ於テモ、軍命ニ依リ本計画ノ一部ヲ実施スルコトアルベシ。

各出先警察官（派出所駐在所員）ハ署長ノ命ヲ承ル遑ナキトキハ、現地地区隊長ノ指示ニ依リ、或ハ連絡シテ本計画ノ実施ヲ為シモノトス。

第三　疎開及避難・退去

一　疎開

1　人ノ疎開
町村長ハ、家屋稠密ノ地域ニ居住スル、防衛活動ニ適セザル家族ノミノ世帯ヲ持ツ者ヲ、予メ家屋疎薄ノ地域ニ移転セシメ置クモノトス。
2　建物等ノ疎開
町村長ハ、部落民ノ自発的協力ヲ促シ、概ネ左記要領ニ依リ家屋ノ疎開、垣塀ノ取壊シヲ慫慂シ、之ガ実現ヲ期スモノトス。
イ　現ニ重要書類・物件ヲ格納シ、真ニ已ムヲ得サルモノ以外ノ物置・倉庫・納屋・付属建物等ハ、之レヲ取壊スヲ可トス。
ロ　住家ニシテ、現ニ住宅ニ供シ在ラザル空家ノ如キ、真ニ必要ト認ル以外ノモノハ、可及的取壊スヲ可トス。（中略）

一　避難
1　避難（退避）トハ、事態ニ応ジ危険地域ノ住民ヲ安全地域ニ移転シ、防空防衛活動ノ妨害ヲ防ギ、且ツ人命ノ損傷ヲ防止セントスルモノニシテ、之レヲ事前避難及緊急避難ニ別ツ。
2　避難ハ之ヲ、第一次避難、第二次避難ニ分チ、第一次避難ハ部落内防空壕、第二次避難ハ部落周辺ノ広地ニ設ケタル防空壕又ハ墓所トス。（中略）
3　部落会長・町内会長ハ、第二次避難地ヲ選定シ、隣組毎ニ標札ヲ立テ置クモノトス。
4　避難スベキ者ハ、原則トシテ左ノ範囲トス。

イ　六十一才以上十五才未満ノ者ニシテ、防衛活動ニ適セザル者
ロ　妊産婦、病弱者
ハ　前記ニ掲クル者ノ保護ニ必要ナル者
5　部落会長・町内会長ハ、予メ避難者名簿ヲ整備シ、警察署長・町村長・警防分団長ト連絡シ、且ツ地域ヲ定メテ、命令伝達・避難者誘導ヲ為ス者、若干人ヲ選定シ、之レニ関スル具体的計画ヲ定メ、実施ニ際シ之ガ指導ヲ為スモノトス。（中略）
7　避難者ノ携行物件ハ、携行食糧・冷寒ヲ凌グニ足ル最少限度ノ寝具及貴重品ニ限リ、予テ中軽ナ非常袋ニ収納準備シ置クモノトス。
8　鍋釜・食糧品・寝具・衣料・其ノ他生活必需品ハ、事前避難等時間ニ余裕有ル時、然モ状況容易ナラザル場合ニ限リ、携行セシムルコトアルモ、原則トシテ之等物件ハ、部落内空キ地ニ穴埋メシ置クモノトス。
9　報皇隊員其ノ他防衛活動ニ適スル者ハ、如何ナル事態ニ遭遇スルモ、命令有ル迄ハ部落内ニ踏止マリ、防空防衛ニ従事スルモノトス。
10　事前避難
イ　敵機ノ空襲又ハ敵艦砲射撃ノ虞アル場合、警察署長ハ石垣地区守備隊長ノ指示ヲ承ケ、事前避難ヲ命ズ。命令ハ文書又ハ電話・口頭ヲ以テ町村ニ発シ、町村長ハ直チニ部落会長・町内会長ニ伝達シ、町内会長ハ隣組長ニ伝達シテ之ヲ実施スルコトヲ原則トスルモ、

事態急迫シ緊急ヲ要スル場合ハ警察署長、直接警防団員ヲシテ部落会長・町内会長又ハ住民ニ伝達セシメ、同時ニ町村長ニ通達スルモノトス。

ロ　警察署ヨリ遠隔ノ地ニ在ル出先警察官ハ、署長ノ命ヲ承クル遑ナキトキハ、現地軍ノ指示ヲ承、事前避難命令ヲ発ス。命令伝達及方法ハ全項ニ同ジ。

ハ　住民ニ対スル避難命令ハ、口頭伝達トス。此ノ場合ハ、特ニ冷静沈着ニ苟モ民心ヲ刺激スルガ如キ句調態度ハ厳ニ謹ミ、民心ノ周章動揺ヲ極力鎮圧シテ、秩序整然タル行動ヲ執ラシムルコトニ留意スルモノトス。（中略）

チ　避難ノ必要止ミタトキ警察署長ハ、石垣地区守備部隊長ノ命ヲ承ケ避難解除ノ命令ヲ発ス。此ノ場合ノ命令伝達方法ハ、避難命令ト同一方法ヲ以テ之ヲ為ス。

11

緊急避難

イ　敵ノ不意討空襲又ハ不意討艦砲射撃ヲ受ケタル場合、警察署長又ハ出先警察官ハ、現地軍ノ指示ヲ承ケ、直チニ緊急避難ヲ命ズ。此ノ場合ノ命令伝達方法ハ事前避難ノ例ニ依ルモ、最モ敏速ナル方法ヲ執リ、且ツ速カニ末端迄徹底スル如ク最急ノ措置ヲ講ズルモノトス。

ロ　右事態発生シ、避難ノ命ヲ受クル遑ナキトキハ、各家庭ハ直チニ自宅第一次避難壕ニ避難、該当者ヲ避難セシメ、万全ノ措置ヲ講ジ、逐次命ニ従ヒ行動ヲ為スモノトス。

（中略）

一　退去

1　退去トハ事態ニ応ジ、軍ノ命ニ依リ危険地域ノ部落住民ヲ、最モ安全地域ニ移転セシムルコトヲ云フ。退去ハ石垣地区守備部隊長ノ命ヲ承ケ、警察署長之ヲ命ズ。各離島出先警察官ハ、署長ノ命ヲ承クル遑ナクトキハ、現地軍ノ命ヲ承ケ退去命令ヲ発ス。此ノ場合ハ直チニ報告スベシ。

2　石垣島ニ於ケル退去先、石垣町字新川・字石垣ハ、バンナ岳ノ西北部、字登野城・字大川・字川平ハ於茂登山ノ西南部、大浜村前部落ハ於茂登山東南部トス。

3　各離島出先警察官ハ現地軍ノ指示ヲ承ケ、退去先ヲ選定シ置クモノトス。

4　退去ニ関シテハ石垣島地区民防衛要領ニ依ルノ外、左記ニ依ルモノトス。

イ　退去命令ヲ承ケタル町村長ハ、直チニ部落会長・町内会長ニ命ジ、退去準備ヲ為サシム。

ロ　退去命令ハ、通常準備時間・出発時間ヲ指定シテ発スルモ、事態急ヲ要スル場合ハ、準備時間ヲ与エズ、即時出発ノ命令アルコトヲ以テ、常時携行品等準備ヲ為シ置クモノトス。

ハ　退去ヲ為スベキ者ハ、部落全員ハ勿論、官公署・団体等全機関ナルコトヲ原則トスルモ、情況ニ応ジ残留ヲ必要トスル者ハ、其ノ都度指示ス。但シ防衛隊ハ軍ノ指揮下ニ入リ、警防団其ノ他特別指示ヲ受ケタル団体ハ、退去民ノ保護誘導其ノ他ノ任務ニ服スルモノトス。

ニ 戒厳下令後ニ発セラレタル場合ニ於ケル退去ニ関スル諸般ノ行動ハ、凡テ軍ノ指示ニヨル。

ホ 部落会長・町内会長ハ、予メ地域ヲ定メテ、命令伝達・退去誘導ヲ為ス者、若干人ヲ選定シ、実施ニ際シテハ之ガ指導ヲ為スモノトス。

ヘ 退去者ノ携行物件ハ、鍋釜・食糧品・衣類・寝具・貴重品・其ノ他生活ニ必要ナル物件トス。残留物件ハ命令ニ依リ焼却スルモノトス。

ト 退去ニ関シテハ、通路及退去先ニ於ケル行動凡テ、当該地区隊長ノ指示ニ依ルモノトス。

一 避難及退去先ノ構築

1 町村長及石垣島以外ノ出先警察官ハ、部落会長・町内会長ニ命ジ、且ツ当該地区隊長ノ諒解ヲ得テ、逐次避難及退去先ニ於ケル、避難壕又ハ建物ノ構築ヲ為シ置クモノトス。

2 避難及退去先ヲ選定シ、建物及避難壕ヲ構築セントスルトキハ、予メ警察署長ニ連絡スルモノトス。

第四 食糧等ノ対策

食糧及衛生材料等、分散貯蔵対策ハ、支庁長ノ計画指導ニ依ルモノトス。

第五 具体的計画

本計画実施ニ供スル為メ、町村長ハ避難退去ニ関シ、各部落ノ実情ニ則スル具体的計画ヲ制定シ、二部ヲ警察署長へ送付スルモノトス。

「県民指導措置要綱」が、どの程度具体的に示したかは不明であるが、この八重山郡の計画は、かなり細かい点まで指示しており、当時の担当者の熱心さを窺うことができる。作成者は、この内容から判断して、八重山警察署長と考えられる。作成時期は、十月十二日に、石垣島が初めて空襲をうけた以後と考えられる。

この細部計画によると、事前避難と緊急避難は、軍の指示を受け警察署長が命じ、退去は、軍の命を受け警察署長が命ずとあるが、「戒厳令」が下令されていないので、軍が民側に命令することはないのであるから、命とあるのは指示であると判断する。

その後、前述した第三二軍の「南西諸島警備要領」が、先島集団にも示達され、それに基づき、第二八師団長は宮古支庁長へ、独立混成第四五旅団長は八重山支庁長へ、それぞれ住民避難についての要請を行ったと考える。

また、県知事も、前述した内務省からの「総動員警備要綱」およびこれに関する指令、ならびに閣議決定の「沖縄県防衛強化実施要綱」に基づき、宮古・八重山の支庁長および警察署長に、それぞれ住民避難について指令を出しているはずである。両支庁長は、現地軍の要請と県知事の指令を受け、警察署長と協力しながら、住民避難計画を策定し、各町村長に達し、さらに各町村長は、具体的な計画を作成して部落会長・町内会長に達し、部落会長・町内会長は、それぞれの住民に伝達したものと判断する。八重山支庁では、既に警察署長が作成したと思われる前記のかなり具体的な「県民指導措置八重山郡細部計画」があり、おそらくこの計画に沿ったものが、それぞれの住民に達せられたと考えられる。

石垣島では、前記の計画に沿って、第一次避難所を自宅の庭や空き地等の防空壕、第二次避難所を部落郊外の畑小屋や墓、第三避難所を各部落ごとに集団で避難する山林としていた（前掲『沖縄県史』第十巻）。

一九四四年十二月十三・十四日に、石垣町登野城が、第三避難所に至る待避壕構築と道路修理を実施していることから判断して、十二月には、各部落ごとの第三避難所が指定されたことは間違いない。また、翌年一月七日には、避難予行訓練を実施し、一月十一日には、各隣組ごとに道路や畑の中を通って避難所へ行くという軍民総合の避難訓練を実施したのである（牧野清『登野城の歴史と民族』）。

この第三避難所には、各部落の各隣組ごとに、一軒の避難小屋が作られていた。避難小屋は、間口二間、奥行三間から五間の掘立小屋で、隣組が雑居するというものであった（『竹富町誌』）。

（2）　避難の実施

一九四五年になると、宮古・石垣島とも、一月早々から空襲を受け、また三月下旬には、沖縄本島上陸準備の砲爆撃に連携して、度々空襲があり、両島民ともそれぞれ避難を始めた。

宮古地区は、一月になると連日のように空襲があり、第二八師団長の要請を受け、宮古警察署長が、住民の避難を命じ避難が実施されたものと考えられる。平良町の市街地区の住民は、添道に避難し、六月になると対岸の伊良部村への疎開が実施された。六月十七日、伊良部国民学校の全職員は高等科児童を引率して、佐良浜に到着した平良町からの避難者を、村内各部落の予定された避難先まで誘導した。六月十九日・二十四日・二十九日も同様、避難者の誘導を行った（『平良市史』第四巻、資料編）。

八重山地区では、鳩間島・新城島・波照間島の住民が、軍の要請を受け、西表島へ避難した。六月一日、米軍の石垣島への上陸が近いと判断した独立混成第四五旅団長は、第三避難所への避難を要請した。要請を受けた八重山支庁長代理翁長良整（大枡支庁長は五月三日戦死）は、各町村長に対し、計画に従い避難するよう指令を出し、住民の避難を実施した。

巷間、独立混成第四五旅団長が、第三避難所を指定し、そこへの避難を指令したと言われているが（『竹富町誌』の「一九四五年に於ける八重山群島のマラリアに就いて」）、当時、「戒厳令」が下令されていないのであるから、旅団長には避難命令の権限はないのである。旅団長は、支庁長に避難を要請するのであって、命令するのではない。住民の避難は、内務大臣→県知事→支庁長（警察署長）→町村長の行政系統で実施されるのであって、軍令系統で実施されるのではない。

また、第三避難所の指定も、前述したように、既に十二月には各部落ごとに避難場所が指定され、避難場所への道路を修理したり、避難訓練をしたり、避難小屋を作ったりしているのである。避難場所の指定についても、軍側が陣地地域等の関連から、住民の避難する地域を示し、それに基づき、支庁・町村側が、各部落ごとの避難場所を具体的に決めたのである。

避難の開始時機については、戦況の推移を考え、軍が指示し、それを受けて支庁長（警察署長）・町村長の系統で、避難計画が発動されるのである。巷間、軍が避難命令を出したと言われているが、避難開始時機を軍が指示したことをもって、避難命令と誤解しているのであろう。

独立混成第四五旅団長は六月十日、指揮下部隊に甲戦備移行を命じ、各部隊はそれぞれ戦闘配備に就いた（甲戦備とは、敵の上陸に備えて全部隊が戦闘配備に就き、随時戦闘を開始できる準備を整えること）。しかし、米軍は上陸して来なかった。

当時の住民の避難状況は、表12および図8のとおりである。

表12 八重山地区の避難状況

町村名	部落名	避難先
大浜村	①平久保・井原間	桴海
	②白保・宮良・大浜・真栄里・平得	武名田原
石垣町	③登野城・大川	白水
	④石垣	ガーラ岳
	⑤新川	ウガドー
竹富村	⑥竹富（一部）	由布島
	⑦黒島	カサ崎
	⑧新城	南風見（大原）
	⑨波照間	南風見田・古見・由布
	⑩船浮（一部は祖納へ避難）	南風見（大原）
	⑪鳩間	上原・船浦

※表以外の部落は部落近傍に避難した。

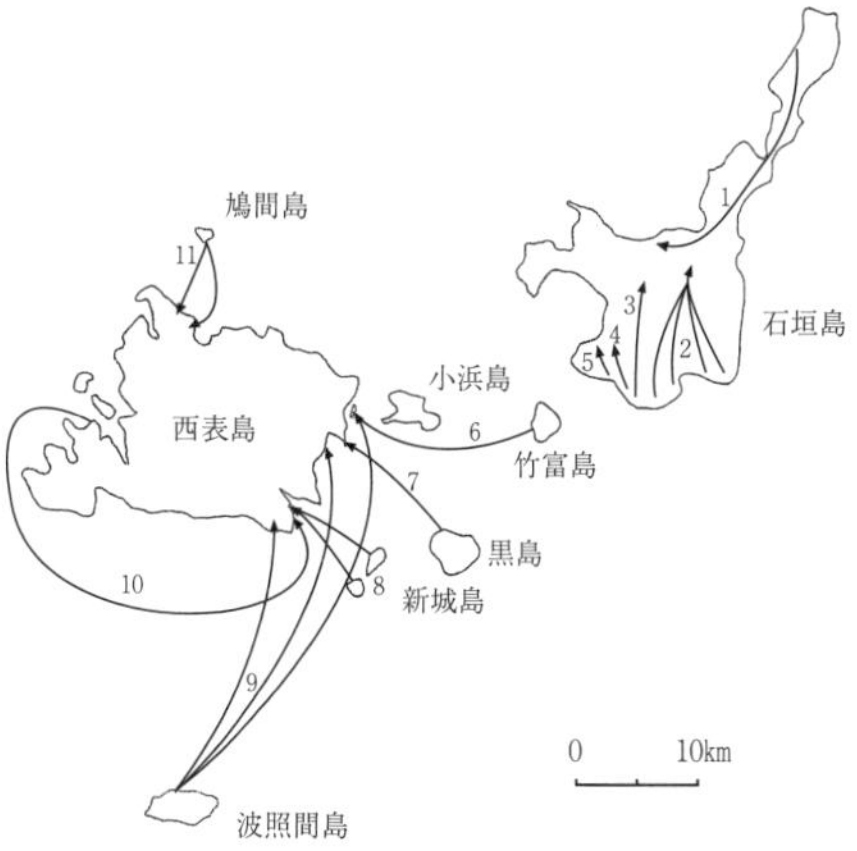

図8 八重山地区の避難状況図（筆者作）

（3）マラリア被害

八重山地区では、前述のように住民のほとんどが、山林または部落近傍に避難したのであるが、山林に避難した者からは、食糧不足とマラリアのため多数の死亡者が発生した。

避難地はマラリアの有病地であったが、避難民はマラリア予防についての訓練はされておらず、また抗マラリア薬のキニーネもなく、マラリア患者は増発し、死亡者が続出した。特に悲惨であったのは大浜村の住民の避難地と波照間島住民の避難地であった。

沖縄本島での戦闘が終わった翌月の七月中旬から、逐次避難地から部落へ復帰し始め、九月初旬には全員が各部落への復帰を終わったが、八重山地区では、戦闘に関連した死亡者が、一、七八人であるのに対し、マラリアによる死亡者は、三、六四七人であり、その町村別死亡者は、表13のとおりである。

表13　マラリアによる町村別死亡者数

町村名	死亡者数(人)	罹病率(%)
石垣町	1,388	37.90
大浜村	1,108	89.33
竹富村	785	46.32
竹富島	7	5.39
小浜島	124	79.89
黒島	19	9.52
新城島	24	56.47
波照間島	477	99.79
鳩間島	59	93.93
西表島	75	20.20
与那国島	366	66.74
合　計	3,647	

（前掲『竹富町誌』）

五、収容者および疎開者の復帰

(1) 収容者の復帰

一九四五年八月十五日、戦争は終わったが、沖縄県は米軍の軍政下におかれていたため、各収容所に収容されている沖縄県民は、元居住地へ復帰できなかった。同日、軍政府は、各収容所から代表を集め、沖縄諮詢会の設置について協議させた。沖縄諮詢会は、軍政府の諮問機関として、また軍政府と住民との意思疎通機関としての役割を果たすもので、八月二十日に委員一五人が選ばれ、諮問機関として発足した。

米軍政府は、本章三項で述べたように、各収容所地区に市制を施行し、九月二十五日に市長選挙を行って市長を選出した。その第一回市長会議が、十月二十三日に開催されて、住民の元居住地への復帰が提議された。このため軍政府も、住民を可及的速やかに、元居住地に復帰させる計画に着手した。

各収容所から、懐かしの故郷への移動は、先の市長会議の一週間後に許可され、一九四五年十月三十日、北部地区から知念地区および中城村への移動を皮切りに開始された。その後、逐次各地への移動が続けられ、翌一九四六年四月までに移動も一段落した。住民の元居住地への復帰に伴い、市町村機構も早急に整備しなければならなくなり、軍政府は、原則的に戦前の市町村長を、それぞれ該当の市町村長に任命し、移動後の市町村の安定化を図った。市町村長の任命式は、一九四六年四月四日に行われた。続いて四月二十四日に、志喜屋孝信が知事に任命された。ここに、軍政府の下に、はじめて沖縄民政府が誕生したのである。

宮古・八重山地区は、宮古に設置された南部琉球軍政府の指揮監督下におかれ、宮古・八重山に、それぞれ住民を代表する支庁長が任命された（前掲『沖縄市町村三十年史』上巻）。

宮古から台湾へ疎開していた約一万人は、民間の引揚援護会が一九四六年一月六日に派遣した第一回引揚船団により一部帰島し、以後も、船団が派遣され、同年五月には、引揚をほぼ完了した（同右）。

（2）　疎開者の復帰

県外に疎開していた沖縄県民は、地元の沖縄が米軍の軍政下にあったため、戦争が終わったからと言っても、直ぐには沖縄に帰れなかった。福岡県に設置されていた沖縄県事務所が、日本政府を通じて、GHQに疎開者の沖縄復帰を請願し、一九四六年一月五日に、まず宮古・八重山地区への復帰が許可された。

早速、同年一月二十七日から、宮古・八重山地区への復帰が開始された。次いで同年八月十五日から、沖縄本島への復帰が認められ、本島への復帰が始まった。同年十二月末までに、疎開者のほか、復員軍人・徴用解除者・外地引揚者等を含め、約一一万人が沖縄に復帰したのである（前掲 浦崎『消えた沖縄県』）。

学童集団疎開者の中には、教育の都合で数年間、疎開地に残留した者もおり、その数は、一九四八年度一、七八八人、一九五〇年度三一一人であった。

沖縄県人の沖縄復帰に当たり、沖縄県知事代理の北営造内務部長と、九州沖縄県人連合会長の真栄城守行は、連名で、一九四六年八月十四日、宮崎県庁教育課長に、次のような礼状を送った。

沖縄県人の郷土送還について

多数の沖縄県人が、半強制的に本土に引揚し、貴下の格別なる御高配を辱くし、今日迄、無事消光して参りました事は、感謝に堪えない所であります。今回待望の郷土帰還が許され、来る十八日の第一便より、逐次帰郷することになりましたので、私より県民一同を代表し、今日迄の御高配に対し、深く感謝致す次第であります。（中略）二か年の滞留中、色々と御迷惑をのみ御かけ申上げ、汗顔に堪えないのでありますが、何卒御寛容下さいまして、郷土に帰りました後も、自由交通の許される日が来れば、文通その他により、今日迄の通り御愛顧の程、伏して御願申上げます。先は帰還開始に際し、以て粗文御厚礼に仕へる次第であります。

（前掲「宮崎県学事関係諸令達通牒」）

このように、沖縄県人は、疎開地への感謝の気持ちと沖縄復帰への悦びの気持ちを抱いて、郷土沖縄へ帰って行ったのである。

かくして、一九四四年の七月から始まった県外疎開・学童疎開、さらには島内避難等の住民の大移動は、多数の苦難と犠牲を伴いながらも、ここに漸く復帰終了することになったのである。

第五章　防衛隊と防衛召集および学徒の戦力化

一、防衛隊

(1) 防衛隊編成の経緯

琉球（沖縄）は、一六〇九（慶長十四）年、薩摩の征討以来、日中両属関係にあった。明治新政府は、この日中両属関係を断つ、いわゆる琉球処分をするため、一八七九（明治十二）年、陸軍の分遣隊を派遣した。その後、沖縄防備のため、九州の第六師団から歩兵一個中隊が交代で派遣されていたが、日清戦争の結果、台湾を領有することになり、戦争終結翌年の一八九六年に、沖縄への分遣隊は廃止された（拙著『明治期国土防衛史』）。

一八九八（明治三十一）年に、沖縄県に徴兵令が施行されるに伴って、徴兵事務などを担当するために、沖縄警備隊区司令部（一九一八年に沖縄聯隊区司令部と改称）が設置されたが、これは軍事行政の機関であり、防衛のための部隊ではなかった。一九四一年、対米英戦に備え中城湾・船浮などに臨時要塞が建設され、要塞砲兵部隊が置かれるまで、沖縄県には防衛部隊は置かれなかったのである。

このような状況の中で、前第六師団長荒木貞夫中将の勧めで、義勇隊編成の気運が熟し、一九三三(昭和八)年一月、八重山地区の在郷軍人四〇〇人を基幹に、八重山義勇隊が編成された。しかし、他の地区では編成されるに至らなかった(石井虎雄「沖縄防備対策」)。

当時の沖縄県知事井野次郎は、一九三二年五月、沖縄県に一個大隊を常設するよう犬養内閣総理大臣に陳情した。また、一九三四年二月には、沖縄聯隊区司令官の石井虎雄大佐が、沖縄の無防備状況に対し、「沖縄防備対策」という意見書(防衛研究所所蔵史料)を、陸軍次官に具申した。その内容は、まず沖縄の現状を述べ、その対策私案として①憲兵の設置、②国防思想の普及徹底、③義勇隊の編成、④武装の整備、⑤交通産業の整備について述べ、義勇隊の編成については、以下のような私案を提示した。

国頭半島	一中隊二小隊
本部半島	四中隊二小隊
金武湾	二中隊一小隊
中城湾	七中隊
島尻半島	六中隊一小隊
宮　古	四中隊
八重山	五中隊

計　　三一中隊

しかし、この提案が採用されたかどうかは分からない。ただ憲兵の設置については、二カ月後の四月、熊本憲兵隊鹿児島分隊那覇分遣隊が、那覇市久茂地に設置された。一九三六年に熊本憲兵隊那覇分隊に昇格し、さらに一九四四年には沖縄憲兵隊として昇格独立した。

当時、郷土を守るために自主的に編成された集団は、一般に義勇隊と言われていた。これが、防衛隊と言われるようになったのは、一九四三年戦局が悪化し、離島および本土沿岸の警備が問題となり、これに対処するため、軍は特設警備部隊を編成するとともに、国土防衛態勢を強化するため、軍に協力する集団として防衛隊を編成することを、在郷軍人会に要請したのが契機であった。在郷軍人会は、同年七月頃から編成準備に着手した（戦史叢書『本土決戦準備(1)関東の防衛』）。

（2）在郷軍人会による防衛隊の編成

在郷軍人会は、正式には「帝国在郷軍人会」と称し、退役・予備役・国民兵役などの軍人で組織され、徴募・召集・徴発・防衛など軍に協力する半官制の軍の外郭団体である。町村に分会、市や郡に連合分会、府県に支部が置かれ、聯隊区司令部・師団司令部がその指導に当たった。

戦局の悪化に伴い、防衛隊の編成を要請された在郷軍人会は、一九四三年七月頃から編成準備にとりかかり、翌年七月、まず沖縄県に防衛隊を編成したのである。九月十一日に、全国一斉に防衛隊が結成された。防衛隊は、「郷土を中心とする国民の征戦完遂の中核となり、軍に協力する基礎準備の完成を図り、全国の郷軍を以て統制一貫せる防衛隊組織を完成し、国土防衛に邁進することを以て主たる目的とする」という高い目的意識を持って編成されたものであった。しかし、その実態は沖縄県以外よくわからないのである。

沖縄県で防衛隊が編成されたことは、「独立混成第十五聯隊陣中日誌」（防衛研究所所蔵史料）で確認できる。これによると、在郷軍人会沖縄支部は、市町村単位の中隊からなる防衛隊を編成し、各中隊は、その地区防衛の陸軍部隊の指揮下に入ったのである。一九四四年七月十二日、鈴木旅団長は「独立混成第四四旅団命令（独混四四旅作命第二号）」で、以下のように命令した。

一、帝国在郷軍人会沖縄支部ハ其ノ管内ニ防衛隊ヲ編成セリ
二、旅団ハ作戦ニ当リ之ヲ指揮セントス
三、各地区隊長ハ担任区域ニ在ル防衛隊ノ装備訓練ヲ指導援助スルト共ニ作戦ニ関シテハ独立セル任務ヲ与ヘ、又ハ軍隊ノ作戦行動ヲ援助セシムベシ。状況ニ依リ之ヲ指揮スルコトヲ得

この命令に基づき、中頭地区隊長の美田大佐は、防衛隊の各中隊をそれぞれの区域防衛のため、次のように部署した。

東守備隊　金武中隊（一四〇人）　金武岬の防備
　　　　　恩納中隊（一九五人）　恩納村沿岸の防備
　　　　　美里中隊　天眼以北海岸の防備（後で追加）
西守備隊　読谷山中隊（二二六人）　国吉屋取都屋楚辺付近の偽陣地の守備

北谷中隊（二九八人）　砂辺・平安山付近の要点確保
越来中隊（一五〇人）　守備隊長直轄
南守備隊　与那城中隊（一五四人）　勝連半島北岸の防備
勝連中隊（二一九人）　勝連半島南岸の防備
具志川中隊（二六五人）　中城湾沿岸の既設陣地占領

また、浦添村で編成された浦添村防衛隊は、「浦添村防衛隊編成表」（防衛研究所所蔵史料）によると、中隊長（宮城松助）以下各小隊長・分隊長以下中隊全員二六四名の氏名が記され、その編成は以下のとおりである。

中隊長　宮城松助　（中隊合計二六四名）
指揮班　指揮班長
書記　四名
伝令
巡察斥候要員
第一小隊　小隊長以下七〇名
第一分隊　分隊長以下一五名
第二分隊　同　一八名
第三分隊　同　一八名

第四分隊　　同　　一八名
第二小隊　小隊長以下五五名で四個分隊
第三小隊　小隊長以下六六名で四個分隊
第四小隊　小隊長以下六五名で四個分隊

これらの史料から見ると、他の市町村でも史料は残されていないが、二〇〇名前後からなる防衛隊が編成されていたものと判断される。しかし、その後に「陸軍防衛召集規則」による防衛召集が実施され、防衛隊員のほとんどが召集されたため、防衛隊は自然消滅し、残った者はその町村の義勇隊員となり、食糧の運搬・築城作業など所在の軍に協力したと思われる。最後まで軍に協力して戦った伊江島義勇隊は、その例である。

沖縄県では、多くの人が、さらには学者・研究者までも、この「防衛隊員」と防衛召集された者を同じように、「防衛隊員」と言っているが、これは誤っている。「防衛隊員」は、あくまで郷土を守る義勇隊員であり、前述の在郷軍人会が編成した町村単位の防衛隊(中隊)の隊員であって、軍人ではないのである。防衛召集された者は、召集と同時に軍人となり、陸軍の部隊に編入され、〇〇部隊所属の隊員(兵)になるのである。「防衛隊員」であった者が、防衛召集されたので、そのまま「防衛隊員」と言ったのであろうが、正式には、「〇〇部隊の防衛召集隊員」、略して「防召隊員」または「防召兵」と言うべきである。陸軍の部隊には、防衛召集者(兵)で編成された「防衛隊」という名称の部隊は存在せず、ほとんどの防衛召集者(兵)は、後で述べるように特設警備隊、さらには一般部隊に編入されたのである。

二、防衛召集

(1)「陸軍防衛召集規則」の制定

一九四二年四月、ドーリットルの率いるB－25爆撃機一六機により、東京が奇襲攻撃を受け、対空防御の必要性が高まるとともに、本土沿岸への奇襲上陸の恐れも考慮して、陸軍はその対策について研究し、その結果、兵員の経済的運用を図りつつ、防衛と生産とを調和させ、国民軍隊の組織化を考慮した「防衛召集」の制度が案出された(前掲 戦史叢書『本土決戦準備(1)』)。

陸軍省兵務局長は、その趣旨を「国家総合戦力ノ能率的発揚ヲ推進スルト共ニ、郷土防衛ノ精神ヲ振起セシメ、以テ総合的防衛力ノ強化ヲ図ラントスル」ものと説明した。また、兵備課長は、規則制定の趣旨について、以下のように説明した(「陸亜密大日記」昭和十七年)。

1　長期戦ノ特質ニ即応スル為、防衛部隊ノ戦力ノ発揚ニ支障ナキ範囲ニ於テ、兵力ノ節約充用ノ合理化ヲ企図シ、総力戦完遂ノ一助タラシム

2　郷土ハ郷土ノ兵ヲ以テ防衛セシメ、郷土防衛ノ精神ヲ昂揚ス

3　人選ニ当リテハ、軍戦力上ノ要求ト総力戦発揚上ノ要求トノ調和ヲ充分図ル如クス

このような趣旨のもと、一九四二年九月二十六日、陸軍省令第五三号で「陸軍防衛召集規則」が制定され、同時にその細部規程「防衛召集取扱規程」（「陸密」第二八二二号）も制定された。その要点は、以下のとおりである。

・召集の種別　防空召集と警備召集
・召集対象者　在郷軍人、国民兵役の下士官・兵
・発令権者　軍司令官または師団長。緊急やむを得ない場合は、要塞司令官・警備司令官・防衛召集担当官所属直上部隊長および防衛召集担当官。（防衛召集担当官とは、軍司令官または師団長が、隷下部隊中の独立部隊長または分遣隊長をこれに任じた者）
・令状　防衛召集待命令状（淡青色の用紙）通称「青紙」
　防衛召集令状（淡紅色の用紙）通称「赤紙」
・令状の交付　軍司令官または師団長から送付された令状を、防衛召集担当官に送付、送付を受けた召集担任官は、防衛召集取扱者を経て本人に交付する。（防衛召集取扱者とは、官公吏・公共団体の長・工場事業場の長で、防衛召集事務の担当に指定された者）
・待命令状受けた者　待命期間は概ね一年間、居住、旅行等の届を出し所在を明確にする。
・召集された者　部隊に編入され、二等兵の階級が与えられる。

（2）防衛召集の実施

このようにして、防衛召集者からなる特設警備隊が編成されるのは、翌年の一九四三年六月である。六月二十五日、「軍令陸甲」第五八号により、特設警備大隊三二個、同中隊五五個の編成が下令され、本土の主要工業都市、主要な離島、東海・北陸・九州・北海道・千島・樺太・朝鮮・台湾などの要地を警備するため配置された。さらに、翌一九四四年の一月四日、「軍令陸甲」第一号で、特設警備大隊五四個、同中隊四五個、同工兵隊一五個が編成下令された。工兵隊は、飛行場の復旧作業のため、編成されたものである。その後も数回にわたって、これらの部隊が編成された（前掲 戦史叢書『本土決戦準備⑴』）。

沖縄に特設警備部隊が編成されたのは、一九四四年一月が最初であり、「大陸命」第九一四号で次のように下令された。

・中城湾要塞司令官の隷下に入るもの
　特設警備第二二三乃至第二二五中隊
・船浮要塞司令官の隷下に入るもの
　特設警備第二〇九、第二一〇中隊
　特設警備第二二六、第二二七中隊

特設警備第二〇九中隊と第二一〇中隊は、宮古島に配備され、同年三月には、特設警備第二一一中隊が中城要塞司令官の隷下に入り、大東島に配備された。さらに、九月に特設警備工兵隊が次のように配備された。

第五〇二特設警備工兵隊　伊江島
第五〇三特設警備工兵隊　読谷山
第五〇四特設警備工兵隊　那覇
第五〇五特設警備工兵隊　宮古島
第五〇六特設警備工兵隊　石垣島

（「単一部隊概見表」防衛研究所所蔵史料）

このように防衛召集は、特別警備部隊の編成から始まったのであるが、十月以降、国頭地区に配備された第三・第四遊撃隊および第二歩兵隊にも編入され、翌一九四五年三月になると、第三二軍の兵力を増強するため、多数の県民が召集され、一般の歩兵部隊・砲兵部隊・工兵部隊や後方支援部隊に編入された。その状況は表13、14のとおりである。ただしこの表は、一九四四年十月以降に召集された者の数であって、それ以前に召集された者は含まれていないのである。

これによると、防衛召集者（兵）の数は、二万二二二二人となっているが、この数には宮古・八重山地区の防衛召集者（兵）が含まれていないのである。宮古・八重山地区には、主に防衛召集者（兵）から成る特設警備隊が編成されており、合計約三、〇〇〇人がいたはずである。従って、防衛召集者（兵）の数は約二万五〇〇〇人になる。

これらの防衛召集者は、前記のように各種の部隊に編入され、陣地構築、飛行場の整備、食糧・弾薬の運搬、負傷者の後送など、後方支援に従事したが、戦況悪化に伴い、戦闘員として戦うこともあり、約一万三〇〇〇人の戦死者をだした（馬淵新治「住民処理の状況」）。

防衛召集者（兵）の戦死者の割合（宮古・八重山地区を除く）は、防衛召集者（兵）数が約二万二〇〇〇人で、そのうち戦死者が一万三〇〇〇人なので、約五九・一パーセントとなる。

一方、防衛召集者以外の一般軍人は、総兵力約九万六〇〇〇人で、そのうち戦死者は、沖縄県人以外の六万五九〇八人に、沖縄県人の戦死者一万五二二八人（沖縄県出身軍人軍属戦死者数二万八二二八人から、防衛召集者の戦死者一万三〇〇〇人を差し引いた数で、これには、軍属が含まれているが、一応この数を

表13　市町村ごと防衛召集者（兵）数
（1944.10 ～ 1945.5）

	市町村	人数		市町村	人数
国頭郡	本部村	520	島尻郡	三和村	910
	羽地村	420		高嶺村	350
	名護町	610		大里村	630
	伊江村	750		佐敷村	340
	金武村	420		知念村	433
	国頭村	510		小禄村	480
	今帰仁村	450		東風平村	750
	東村	170		糸満	480
	久志村	250		豊見城村	710
	大宜味村	270		具志頭村	630
	恩納村	290		玉城村	500
	計	4,660		兼城村	460
中頭郡	西原村	620		南風原村	500
	美里村	750		真和志村	750
	中城村	540		渡嘉敷村	149
	北谷村	710		座間味村	180
	具志川村	740		計	8,252
	与那城村	200	首里市		970
	越来村	620	那覇市		1,150
	勝連村	230			
	浦添村	800			
	読谷村	900			
	宜野湾村	1,080	合　計		22,222
	計	7,190			

（琉球政府社会局援護課がまとめた「防衛召集概況一覧表」）

表 14　部隊別防衛召集者(兵)数　　(1944.10 ～ 1945.5)

	部隊名	人数		部隊名	人数		部隊名	人数
24師団	歩兵 22 聯隊	630	44混旅	第 2 歩兵隊	2,050		独工兵 66 大	30
	歩兵 32 聯隊	500		混成 15 聯隊	938		電信 36 聯隊	180
	歩兵 89 聯隊	690		44 混旅砲兵隊	–		独自動車 215	40
	捜索 24 聯隊	330		44 混旅工兵隊	–		航空情報隊	120
	野砲 42 聯隊	320		計	2,988		29 飛行場設	535
	工兵 24 聯隊	360	45混	独歩 272 大隊	100		44 飛行場大	30
	24 師団通信	–		独歩 273 大隊	50		50 飛行場大	200
	輜重 24 聯隊	475		計	150		56 飛行場大	–
	24 師団経理	25		第 3 遊撃隊	360		11 船舶団司	150
	24 師団兵器	20		第 4 遊撃隊	220		7 船舶輸送司	100
	24 師団防疫	150		独機関銃 3 大	–		海挺基地 1 大	100
	24 師団病馬廠	20		同　4 大	50		同　2 大	80
	計	3,520		同　14 大	170		同　3 大	149
62師団	独歩 11 大隊	240		同　17 大	–		同　26 大	550
	独歩 12 大隊	460		独速射砲 3 大	–		同　27 大	720
	独歩 13 大隊	385		同　7 大	100		同　28 大	795
	独歩 14 大隊	100		同　22 大	–		同　29 大	740
	63 旅団司令部	–		戦車 27 聯隊	380		経理築城隊	150
	独歩 15 大隊	375		野重砲 1 聯隊	120		野戦貨物廠	460
	独歩 21 大隊	320		同　23 聯隊	320		野戦兵器廠	530
	独歩 22 大隊	745		重砲 7 聯隊	210		49 兵站地区	820
	独歩 23 大隊	190		独重砲 100 大	200		特警 223 中	250
	64 旅団司令部	30		独臼砲 1 聯隊	150		同　224 中	100
	師団工兵隊	–		迫撃 42 大隊	100		同　225 中	–
	師団通信隊	–		同　43 大隊	150		502 特警備工	800
	師団輜重隊	380		中迫撃 5 大隊	–		503　同	1,110
	62 師団司令部	90		同　6 大隊	–		504　同	680
	計	3,315		高射砲隊	250		合計	22,222

(琉球政府社会局援護課がまとめた「防衛召集概況一覧表」)

用いる)を加えた八万一一三六人であり、戦死者の割合は約八四・五パーセントになる。

このように戦死者の割合は、一般軍人に対し、防衛召集者(兵)の方が、二六・〇パーセント少ないのである。これは、防衛召集者(兵)が、直接戦闘に加わって戦闘する場面が、当然のことであるが、一般兵に比べ少なかった結果である。

(3) 防衛召集者(兵)の召集年齢問題

このような状況で、防衛召集は実施されたが、途中で、より多くの兵員人数を確保するため、召集関係規則が改正され、召集対象者の年齢が下げられたのである。

兵役は、「兵役法」第九条で、一七〜四〇歳(一九四三年十一月に四五歳と改正)の男子は、第二国民兵役に服することと定められているが、同法第三条で、志願により兵籍に編入される場合は、別に勅令で定めるとあり、志願兵に関して、勅令「陸軍特別志願兵令」で定められている。一九四四年十月十六日、「勅令」第五九四号で「陸軍特別志願兵令」が改正され、その第二条に「年齢十七年未満ノ帝国臣民タル男子ニシテ兵役ニ服スルコトヲ志願スルモノハ、陸軍大臣ノ定ムル所ニ依リ、詮衡ノ上、之ヲ兵籍ニ編入シ、年齢十七年ニ満ツル迄、第二国民兵役ニ服セシムルコトヲ得」と定められた。これを受けて、十月十九日の「陸軍防衛召集規則」が改正され(「陸軍省令」第四六号)、これまで徴兵終結処分を経ていない(徴兵検査を受けていない)一七〜一八歳の第二国民兵役の者は、召集の対象外であったが、これを召集できるようになった。さらに、翌日の二十日に、「陸軍特別志願兵令施行規則」

の改正（「陸軍省令」第四七号）で、一四歳以上（一四〜一六歳）の者は、希望すれば第二国民兵役に編入できることになり、これを受け、同年十二月十二日の「陸軍防衛召集規則」改正（「陸軍省令」第五八号）で、一七歳未満（一四歳以上）の志願による第二国民兵役の者も、防衛召集できることになったのである。

この一四〜一六歳の者で、第二国民兵役を志願する者は、戸主の認印を得た願書を、現住所の市町村長に提出し、受けた市町村長は認印し、本人に関する資料を添付して、所管の聯隊区司令官に送付する。聯隊区司令官は、送られた願書を審査して、本人を第二国民兵役に編入するのである（「陸軍特別志願兵令施行規則改正」で第一一条の二〜五が追加された）。

このようにして、一四〜一六歳の者も希望すれば、第二国民兵役に編入され、防衛召集されるのである。ちなみに、同日、「陸軍召集規則」改正（「陸軍省令」第五九号）で、奄美大島・沖縄・台湾・南方群島などでは、一四〜一六歳の者で希望すれば、一般の臨時召集もできるようになったが、差し当たり、防衛召集だけが適用されたのである（『朝日新聞』一九四四年十月十八日）。

沖縄県では、一七歳未満の少年を防衛召集したのは、法的根拠のない違法な行為であると主張する人もいるが、この主張は、前述のように「防衛召集規則」などが改正されたことを見落とした主張である。

（4）　防衛召集者（兵）の問題点

前述したように、沖縄県では、約二万五千人が防衛召集者（兵）として召集されたが、召集された防衛召集者（兵）に、大きな問題点があった。それは、防衛召集された兵の質が、玉石混交であったことである。しかも、玉は極めて少なく、ほとんどの者が、食糧・弾薬の運搬や築城作業などの労務に使用された。もともと防衛召集は、郷土は郷土の兵で守るということで実施されたのであるが、訓練もできなくて小銃をもって戦える状態でなかった。結局ほとんどの者が、弾薬の運搬、築城作業などの後方支援に当たったのである。

防衛召集者（兵）は、作戦準備間、主陣地戦闘間は、十分その分に応ずる任務を果たしたが、陣地が崩壊した後は、訓練の不備と相俟って、独断で離隊したり、主力と分離して遊兵となったり、さらに難民化したりしたのである（馬淵新治「沖縄戦における島民の行動」防衛研究所所蔵史料）。

一方で、召集されて軍務に就いている際も、地元出身であるため、夜間無断で家族のもとに帰る者も散見されたという論もある（河合正廣「陸軍の防衛召集制度とその実態」防衛研究所所蔵史料）。

三、男女学徒の戦力化

戦局が厳しくなった一九四四年十二月、第三二軍三宅忠雄参謀は、沖縄県庁学務課の真栄田義見事務官と、数次に亘って男女学徒の動員戦力化について協議し、次のような決定をした。

① 敵が上陸した場合に備えるために、中学下級生に対して通信訓練を、女学校上級生に対しては、看護婦訓練を実施する。

②　此の学徒通信隊、看護婦隊を動員するのは、沖縄が戦場になって全県民が動員される時であるが、この時の学徒の身分を、軍人並びに軍属として取扱う。

この協定により、翌年一月からそれぞれ教育が開始された（前掲 戦史叢書『沖縄方面陸軍作戦』）。前記の協定で、中学下級生の通信隊は、軍人として扱うとなっているが、これは前述したように法的根拠が無いのであって、誤った見解である。一四歳未満の者は、防衛召集できないので、軍人としてではなく、義勇兵として扱うことになるのである。

（1）　男子学徒

師範学校および中学校上級生は、防衛召集されて軍人となり、学校ごとに学徒隊が編成された。この学徒隊は各部隊に配属され、それぞれの部隊で若さを発揮した活躍をした。その配属状況は、表15のとおりである。

男子学徒隊は、鉄血勤皇隊と命名され、司令部・通信部隊・砲兵隊・工兵隊・飛行場大隊・築城隊・歩兵部隊・遊撃隊などに配属され、各種の業務に服した。地元出身で地理に明るいことから、伝令や偵察さらに斬込みの案内などに活躍した。

中学校下級生は、一四歳未満であるため防衛召集はできないが、通信教育を受け、軍人ではなく義勇兵として、戦闘に参加した。このため戦後の援護法においては、軍人・軍属ではなく「戦闘協力者」として、援護の対象者となったのである。

表 15　男子学徒隊の編成配属状況

学校名	配属部隊	人員	総員	死亡者	備考
県立師範学校	第 32 軍司令部（勤皇隊本部）	16	385	217	職員 19 名戦死
	（千早隊）	22			
	（斬込隊）	56			
	（特殊中隊）	48			
	第 2 野戦築城隊	243			
県立第一中学校	第 5 砲兵司令部（勤皇隊本部）	40	398	193	職員 20 名戦死
	（司令部勤務）	20			
	独立測地第 1 中隊	30			
	野戦重砲兵第 1 聯隊	82			
	独立重砲兵第 100 大隊	30			
	独立工兵第 66 大隊	50			
	電信第 36 聯隊	146			
県立第二中学校	独混第 44 旅団第 2 歩兵隊	20	140	102	職員 7 名戦死
	第 62 師団通信隊	120			
県立第三中学校	独混第 44 旅団第 2 歩兵隊	147	363	35	職員 2 名戦死
	同　（通信隊）	66			
	第 3 遊撃隊	150			
那覇市立商業学校	独混第 44 旅団通信班	66	82	59	
	独立歩兵第 22 大隊	16			
県立水産学校	電信第 36 聯隊	22	49	22	職員 7 名戦死
	第 4 遊撃隊	27			
県立農林学校	第 44 飛行場大隊	170	170	33	将校 1 名戦死
県立工業学校	第 5 砲兵司令部（通信）	76	78	70	
	沖縄憲兵隊	2			
県立八重山中学	独混第 45 旅団司令部	20	20	1	
合　計			1,685	732	

（前掲 戦史叢書『沖縄方面陸軍作戦』）

表16　女子学徒配属状況

学校名	配属部隊	人員	総員	死亡者	備考
沖縄師範学校	沖縄陸軍病院	120	120	103	職員７名戦死
県立第一高等女学校	沖縄陸軍病院	200	200	64	職員８名戦死
県立第二高等女学校	第二十四師第一野戦病院	65	65	25	職員11名戦死
県立第三高等女学校	沖縄陸軍病院分院	10	10	1	
県立首里高等女学校	第六十二師野戦病院	83	83	40	
私立積徳高等女学校	第二十四師第二野戦病院	25	25	6	職員５名戦死
私立昭和高等女学校	第六十二師野戦病院	40	40	6	職員５名戦死
合　　計			543	249	

（前掲 戦史叢書『沖縄方面作戦』）

男子学徒の死亡率は、四三・四パーセントであり、一般の防衛召集者の死亡率五八・五パーセントよりも約一五パーセント低い。これは、若さと行動力があり、しかも配属先でも鉄血勤皇隊として、纏まって行動していたことによると考えられる。

（2）　女子学徒

師範学校・高等女学校の女子学徒は、看護婦の教育を受け、表16の様に陸軍の各病院に配属され、傷病者の看護に従事した。戦闘激化に伴い、傷病者が増加して業務は多忙化したが、献身的な働きで傷病者看護に貢献した。

女子学徒には、防衛召集は適用されないので、ほとんどの者が、「国民徴用令」（「勅令」第四五一号、一九三九年七月八日）により、ごく一部の者が、「女子挺身勤労令」（「勅令」第五一九号、一九四四年八月二十三日）により動員された。

「徴用令」による徴用対象者は、男子一六歳以上～四〇歳未満、女子一六歳以上～二五歳未満の未婚者であったが、一九四四年二月十八日の「国民職業能力申告令」改正（「勅令」第八八号）で、男子一二歳以上～六〇歳未満、女子一二歳以上～四〇歳未満となり、女子の対象者が大幅に拡大された。これにより、高等女学校の生徒はほとんどが対象者となったのである。

女子学徒は、徴用令により徴用されて軍属となり、表16のように各病院に配属された。

女子学徒の死亡率は、四五・九パーセントで、男子学徒の四三・四パーセントよりも高い。女子学徒が、男子学徒に劣らないだけの働きをしたことを示すものであると考えられる。

第六章　スパイ視問題と住民殺害

一、スパイ視問題

(1)　スパイ視問題の背景

沖縄戦に関する書物などに、当時の沖縄守備軍将兵は、沖縄県人「スパイ説」あるいは「総スパイ説」を抱いていたため、各部隊とも、特に防諜対策を強化していたと書かれているものがあるが、これは、やや一方的な見方ではないかと思う。本来、軍は自軍の情報が敵に漏れないように防諜対策を実施するのは、当然のことである。軍事作戦において、防諜対策を採らない作戦などあり得ないのである。問題は、状況に応じ適切な対応を採ることである。

風俗・習慣、言葉の違いや、ハワイ・サイパンなどへの移民と移民帰りが多いことなどが重なり、将兵の沖縄県人に対する猜疑心が存在していたのも事実である。その代表的な例が、一九三四（昭和九）年二月二十五日付で、沖縄聯隊区司令官石井虎雄大佐が、柳川平助陸軍次官に呈出した「沖縄防備対策」という意見書である(「密大日記」防衛研究所所蔵史料)。

この意見書は、沖縄防備の必要性を述べるとともに、沖縄県人の特性を次のように指摘している。

① 憂ノ最大ナルハ事大思想ナリ

七百年来両属事大ノ歴史ハ、内部迠一朝ニシテ清晒シ得ベキモノニアラザルベシ

② 依頼心甚ダシク強シ

③ 武装ノ点ヨリ見ハ殆ド無力ナリ

④ 一般ニ惰弱ナリ

⑤ 団結犠牲ノ美風ニ乏シ

このような状況の中で、「身ヲ以テ難ニ当リ、協力郷土ヲ防衛スルガ如キ現状ニ於テハ、到底望ムベカラズ、国難来ルノ時、果シテ如何ニ防備ノ途ヲ講ズベキカ」と憂慮している。

一九四〇年九月、内務省は、訓令第一七号「部落会・町内会等整備要領」を達し、全国の農村部に部落会、都市部に町内会を設置し、さらに部落会・町内会の下に隣保班(隣組)を設置するよう達した。これにより、国→府県→市町村→町内会・部落会→隣保班(隣組)という一元的機構で行政が実施されることになった。この末端組織の隣保班(隣組)は、生活物資の配給、勤労奉仕、防火・防空活動、広報・宣伝活動、繁忙期の助け合いなど、多方面にわたって大きな役割を果したが、一方で住民の相互監視という一面があり、防諜上の役割も果たしたのである。

一九四二年七月、内閣情報局は、国民の防諜意識を高めるため、次のような「国民防諜六訓」を提

示し、防諜は、ただ理屈を知っているだけでは何の役にも立ちません、今日から直ちに実践に移し、われわれの日常生活において、何をするにも防諜の精神にもとることのないような躾を作りあげましょうと述べた。

国民防諜六訓

一、日本人たるの自覚こそ防諜の根本である。
二、国民の一人々々が、防諜戦士たれ。
三、言葉を慎しみ、機密を洩すな。
四、流言に迷ふな、デマに踊るな
五、不平不満は利敵行為。
六、職場を厳守せよ。

（内閣情報局『週報』第三〇一号、一九四二年七月十五日）

このようにして国民一般の防諜意識を高めるなかにおいて、陸軍も、一般的な防諜対策を、各部隊等に対し令達してきたが、一九四三年二月、米軍の反攻によるガダルカナル島撤退に伴い、本土周辺地域の沿岸防備を考慮するようになり、その沿岸陣地周辺の防諜措置について、具体的基準を「軍防諜参考資料～沿岸築城防諜上の諸注意」（「陸密」第一六八八号別冊第一三号、一九四三年五月二十四日）で、以下のように示した。

防諜の地域的措置

	秘匿地域	措置
第一地域	術構物の直接周囲 術構物の素質の細部	住民は立入らせない 立入を許可した将兵の防諜教育を徹底する
第二地域	陣地構築地域 陣地の概要	立入者を、已むを得ない者の外、禁止する 地域内写真撮影等を禁止する 立入許可者の防諜教育を徹底する
第三地域	陣地施設周辺の町村 陣地の外貌、軍隊の実情	他地域の者に秘匿する 容疑者潜入すれば届出る
第四地域	沿岸地域 防諜の完璧	外国人の旅行を制限する 国民防諜を徹底する

（陸軍省「陸密綴」昭和二十年、防衛研究所所蔵史料）

ただ、陣地の秘匿を完全にすることは理想であるが、諸般の関係で、ある程度の部外漏洩はやむを得ないことであり、この漏洩は、国民防諜観念の昂揚、敵諜報網に対する積極的破砕並びに欺騙等により補わざるを得ない。また、将来、住民が敵手に入る場合等を考慮して、逐次深刻な防諜観念の徹底を期すとともに、骨幹陣地の編成・素質に関する要点は、官民に対し一切秘匿するよう指導することと示している。

一般的な軍事秘密保護については、一八九九（明治三十二）年七月制定の「軍機保護法」があったが、支那事変勃発に伴い一九三七年八月、全面改正され、保護基準が拡大強化された。さらに一九四一年、「軍機保護法施行規則」が改正され、南西諸島地域は、航空禁止地域に指定されるとともに、地理的情報収集の禁止地域にも指定された。

一九四四年になり、さらに戦況が悪化し、沖縄に第三二軍が配備されるとともに、国民一般の防諜意識の高揚、軍自体の防諜対策の強化が叫ばれ、第三二軍としても、沖縄県人の特性を考慮し、沖縄防衛作戦に伴う防諜対策を実施することになったのである。

(2) 第三二軍の防諜対策

第三二軍の防諜対策を示す史料は少ないが、残された史料の一つが「報道宣伝・防諜等ニ関スル県民指導要綱」（一九四四年十一月十八日）であり、防諜に関して、次のようにその重要性と指導項目を示している。

上陸作戦実施ニ先チ、上陸地ニ諜者或ハ工作員ヲ潜入セシムルハ、敵ノ常套手段ニシテ、又近時敵ハ、我ガ将兵及官民所有ノ文書ニ依ル諜報ヲ特ニ重視シ、之ガ獲得ニ努力シアル現状ナリ。特ニ本県ハ離島ナルト、防諜観念一般ノ状況ニ鑑ミ、一層ノ注意ヲ要ス。故ニ攻防両面ニ於ケル防諜ヲ強化シ、軍ノ行フ防諜ト相俟チ、諸施策ヲ活発ニシ、敵側秘密戦活動ノ完封ヲ期ス。

(一)防諜強化ノ為、官民ニ対スル指導要件左ノ如シ。

1防諜精神ノ指導啓蒙ノ促進
2官庁防諜対策ノ徹底
3軍工事従事者ノ指導取締
4軍ト直接交渉多キ外来者ノ指導
5各町村ノ保甲制度化ニ依ル積極防諜ヘノ推進、特ニ行動不審者発見時ノ連絡通報ノ積極迅速化
6防諜違反者ノ取締ノ強化
（「秘密戦ニ関スル書類」国立公文書館）

このような方針のもと、各部隊、沖縄憲兵隊、沖縄聯隊区司令部、県当局などと協力して防諜対策を実施すると定めている。

第三二軍および隷下部隊が、防諜に関し具体的に指示している例に、次のものがある。

①石兵団（第六二師団）、一九四四年十一月二日

• 沖縄県人中ニハ、他府県人ニ比シ思想的ニ忘恩功利傾向大ナルモノ多ク、（中略）一部地域ニハ貞操観念弛緩シアル所アリ、之ガ誘惑ニ乗ゼラレ、（中略）管下ハ所謂「デマ」多キ土地柄ニシテ、又管下全般ニ亘リ軍機保護法ニ依ル特殊地域ト指定セラレアル等、防諜上極メテ警戒ヲ要スル地域ナルニ鑑ミ、軍自体、此ノ種違反者ヲ出サザル如ク万全ノ策ヲ講ゼラレ度。
（「石兵団会報」第四九号、昭和十九年九月七日）

• 地方住民ト混在同居シテ居ル部隊アルモ、之ハ厳禁ス。衛生上、防諜上、風紀上非違誘発ノ

算大ナリ。

（「石兵団会報」第八九号、昭和十九年十一月二日）

②頭支隊、一九四五年三月十日

•担任区域内ノ一般民心ノ動向ニ注意シ

（イ）反軍、反官的分子ノ有無

（ロ）外国帰朝者、特ニ第二世、第三世ニシテ反軍、反官的言動ヲ為ス者ナキヤ

（ハ）反戦・厭戦気運醸成ノ有無、若シ有ラバ其ノ由因

（ニ）敵侵攻ニ対スル民衆ノ決意ノ程度

（ホ）一般民衆ノ不平不満言動ノ有無、若シ有ラバ其ノ由因

（ヘ）一般民衆ノ衣食住需給ノ状態

（ト）其ノ他特異事象

ヲ穏（隠）密裡ニ調査シ報告スルコト

（「特務機関設置準備幹部会開催状況ノ件」昭和二十年三月十日、「秘密戦ニ関スル書類」）

③第三二軍、一九四五年四月九日、五月五日

•爾今、軍人軍属ヲ問ハズ標準語以外ノ使用ヲ禁ズ。沖縄語ヲ以テ談話シアル者ハ、間諜トミナシ処分ス。

（「球軍会報」昭和二十年四月九日）

•（同上文）

一般地方人ハ如何ナル用務ト雖モ、洞窟内ニ出入セシメズ。

防諜上、下士官・兵・軍属ニ対スル面会ヲ一切禁止ス。又軍属ノ単独歩哨線ノ通過ヲ禁ズ。
（「天ノ巌戸戦闘司令所取締ニ関スル規定」球日命第一〇四号、同年五月五日、第三十二軍司令部「日々命令綴」）

④歩兵第八九聯隊第二大隊、一九四五年四月十五日
・対諜報網強化ニ関スル件（深見隊）
一、諸情報ヲ綜合スルニ、敵ノ偵察手段ハ逐次積極化シツ、アルモノノ如ク、現在迄ニ知リ得タル敵ノ島尻地区ニ対スル二・三ノ例、左ノ如シ。
1、将校下士官ノ服装ヲナシ潜入セルモノ
2、兵ノ服装ヲナシ潜入セルモノ
3、或ハ避難民ヲ装ヒ潜入セルモノ
時刻ハ主トシテ前半夜多ク、避難民ヲ装ヒタルモノハ、中頭ヨリ退避シ来タルヲ告ゲテ、洞窟ノ所在及部隊位置ヲ聞ク。幹部ノ服装ヲナシアルモノハ、高圧的ニ主トシテ防衛隊、兵ヲ対象トシテ、如何ニモ他隊ヨリノ連絡者ラシク見セカケ、或ハ道ニ迷ヒタル風ヲ装ヒ、甚ダシキハ空腹ヲ訴ヘテ食事ヲ行ヒ退去セル例アリ。
二、各隊ハ担任地区内ノ、之等ニ関スル警戒ヲ厳ニスルト共ニ、特ニ敵ノ対象トナルベキ兵ノ教育ヲ徹底
（「歩兵第八十九聯隊第五中隊陣中日誌」同年四月十五日）

このように、部隊の防諜対策は、戦況に応じて、逐次具体化し強化していったのである。

(3) スパイ視の事例

前述したように、軍・官ともに防諜対策を講じてきたが、各所においてスパイ視問題が発生した。住民がスパイ視された事例は、多くの書に書かれているが、それらを纏めて整理した地主園亮の「沖縄戦における住民「スパイ」視について――既刊行物をもとに――」(『史料編集室紀要』第二五号、二〇〇三年三月、沖縄県史料編集室)がある。

これによると、事例九九件が記され、その内三四件の約九〇数人が殺害されている。これらの事例を、生起した原因ごとにみると、次のようになる。

- 不審な行動(不審と思われる行動)　四六件(四六・五%)
- 捕虜になったか米軍と接触した　一九件(一九・二%)
- 沖縄県人への先入観、不信感　一三件(一三・一%)
- 軍人が自分の不正、横暴を隠すため　六件(六・一%)
- 脱走、はぐれ　二件(二・〇%)
- 住民の通報　二件(二・〇%)
- その他　一一件(一一・一%)

合計　九九件

これを見ると、不審な行動または不審と思わせる行動をとったため、スパイ視された例が、約半数近い四六・五%を占めている。これは、軍側から見ればスパイ的行動と見えても、住民側から見れば、普通の行動をとったに過ぎないという認識があり、この両者の認識のズレにより発生したものが多いと考えられる。軍はかなり厳しい防諜対策を達しているが、住民側は、軍の防諜対策が秘密であったため、どういうものかよく分かっていなかったことが、このような結果になったと考えられる。軍民一体と声高に叫ばれても、本当に軍民一体化するには、軍官民が余程真剣な努力をしない限り、困難である。

(4) スパイの存在

沖縄戦に関する多くの書は、軍が沖縄県民をスパイ視したのは、沖縄差別の思想、沖縄県民蔑視感があったからだと記し、スパイが存在していたことには触れようとせず、目を背けて避けようとしている傾向がある。かつて、沖縄県の研究者などに、スパイが存在していたという資料を見せたが、そんなものは見たくもないと言って、拒絶されたことがあった。研究者として、感情的にならず、冷静・客観的に資料を見て判断すべきではないかと言ったが、無視された経験がある。

元第三二軍の高級参謀八原博通は、スパイ事件は時々あったが、真犯人はついぞ捕えられたことはなかったと述べている(前掲 八原『沖縄決戦』)。また戦後、沖縄戦に関わる援護業務を担当した馬淵新治は、在来から沖縄に居住していた住民で、敵に通じた者は皆無であるが、沖縄出身のハワイ二世やサイパン島に出稼ぎ中の沖縄人の一部には、スパイ行為をした者がいたと述べている(前掲 馬淵「住民処理の状況」)。

馬淵はさらに、戦後の調査に基づき、次のように述べている。

ハワイ二世、又はサイパン失陥後捕えられた沖縄人を、米軍が訓練して数名を一団として、潜水艦によって国頭地区から隠密上陸させて、諜報勤務に従事させたのである。この事実は、昭和二〇年四月、那覇市内で捕えた二名の沖縄人が、八名同時に上陸したと自白しており、又戦後、日本人収容所のアメリカ軍の通訳をしていたハワイ二世が自ら、潜水艦で隠密上陸をして諜報勤務をした旨公言した等の事例によって明瞭である。（同右）

一九六四年、北海タイムス社が、多くの生き残り兵士から聞き取りをして書かれた連載記事「七師団戦記　あゝ沖縄」に、スパイに関する以下のような記事がある。

・船舶工兵第二三聯隊本部の伝令田中兵長は、米軍上陸後、首里で命令を受領し本部へ帰る途中の津嘉山付近で、兵隊たちに捕えられた、伍長の階級章を付けた日本人がいた。よく聞くと、電線を切っているので捕えたら、テニアンから派遣されたスパイであるとのことで、司令部に送った。（四月十二日の第一二回記事の要約）

・独立歩兵第一五大隊隊第五中隊の志田上等兵は、安謝付近で、米軍戦車の上に沖縄女性が乗り、わが陣地を指さしながら車内の米兵に何かを言っているのを見た。私は激しい怒りを感じた。（七月六日の第九五回記事の要約）

・同志田上等兵は、安謝付近で、スパイのような沖縄人を捕えた住民に会い、よく調べると、モールス信号用の懐中電灯、小さな手旗二本、英語の辞書らしい本などを持っていた。大隊本部へ連れて行かせ、調べた結果、米軍偵察機に乗って飛来し、内間部落と銘刈部落の間の畑に、落下傘でおりて、陣地を偵察していたことが分かった。（七月七日の第九六回記事の要約）

- 歩兵第八十九聯隊第二中隊の栗山兵長は、摩文仁の西の小渡で、懐中電灯で信号を送っている男を捕えた。沖縄出身者で、三月十日に潜水艦で湊川に上陸したという。左くすり指にＵＳＡＴ６の入れ墨をしていた。

その後、小型無線機で通信している一九歳の女性を捕えた。同じように左手くすり指にＵＳＡ０１３の入れ墨をしていた。前記の男と同様、潜水艦で湊川に上陸したという。（七月十二日の第一〇〇回記事の要約）

筆者は、一九九九年十一月、前記の志田上等兵と栗山兵長に、電話で確認したが、両者ともにこの件をはっきりと記憶しており、『北海タイムス』の記事に、間違いはないと明確に答えてくれた。田中兵長は、既に死亡していたが、奥さんから、夫は丁寧に手記を書いていたので、間違いはないと思うと聞いた。

また、歩兵第三二聯隊第二大隊長であった志村常雄は、米軍上陸前に、守備地区であった南部の米須付近で、挙動不審な女性を捕えて尋問した状況を、以下のように述べている。

終始黙秘一点張りで手こずった。しかし彼女の足の指の形は、長らく靴をはきつけた者の形で、指が開いている沖縄人の足とは明瞭に異っており、また裸足で珊瑚礁の上を歩けないこと等から、現地在住の者でないことは明らかであった。彼女はいわば狂人を粧ってはいたが、その眼つき表情からみても、相当の知性が読みとれ、尋問に対するしぶとさからも、相当の訓練を受けたことが窺われた。

（志村常雄「沖縄戦の回想」(4)『修親』一九七九年四月）

と女性スパイの存在を指摘している。

これらから判断すると、前述の馬淵新治が言ったように、現に沖縄在住の者が、スパイ行為をしたという可能性はなく、ハワイ二世およびサイパンへ出稼ぎ中の沖縄人の一部が、米軍の諜報要員として訓練を受け、上陸作戦に先立って、潜水艦により隠密上陸し、あるいは偵察機から落下傘降下して、諜報活動をしていたものと考えられる。従って、スパイが存在したのは明らかであるが、現に沖縄に住んでいる住民が、スパイ活動をしたのではないのである。

二、スパイ容疑による住民殺害

(1)　殺害の事例

前記の地主園亮の「スパイ視事例」九九件中、住民が殺害された事例は、三四件、九〇数人である。スパイ視された事例の内、三分の一が殺害された事例であり、この殺害された事例を、原因別に分類すると以下のようになる。

・捕虜になったか米軍と接触した　一三件　約七〇人
・不審な行動（不審と思われる行動）　一一件　一〇数人
・不正・横暴を隠すため　三件　三人
・沖縄県人への先入観　一件　一人
・脱走、はぐれ　一件　一人
・住民同士の通報　一件　一人
・その他　四件　六人
計　三四件　九〇数人

スパイ容疑で住民が殺害された代表的なものを、次に例示する。

イ　久米島における鹿山隊の殺害

久米島には、陸軍部隊はいなくて、海軍の久米島特設見張所が設けられ、久米島北部の大岳山頂に電波探信儀を設置して対空警戒に当たっていた。所長鹿山正兵曹長以下二七名の所員に、不時着者・本島からの脱出者・機帆船の遭難者等加え、約八〇人がいた。この鹿山隊は、米軍が上陸した後、次のように四回にわたって、二〇人の住民をスパイ容疑で殺害した。

・郵便局の有線保守係Aさんは、米軍上陸後、米軍に捕まり連行され、鹿山隊に対し降伏を勧告するよう命令されたので、山に登り鹿山隊長に降伏勧告状を渡したが、利敵行為だとして銃殺された。

•米軍の偵察上陸で捕まったHさんとMさんは、米軍が本上陸した後、釈放され帰ったが、数日後に鹿山隊の兵隊が、島民に変装してやって来、二人とその家族および区長・警防団長の合計九人を集め、スパイ容疑で刺殺し、焼却してしまった。

•本島南部で囚われたNさんは、米軍の久米島上陸時、艦砲射撃をしないという条件で、水先案内をしたが、このために妻・小児も一緒に、一家三人が刺殺され、家ごと焼却された。

•日本名をTという朝鮮人一家七人が、海岸近くに住んでいて、沖合の敵潜水艦と暗号を取り交わしているとのことで、一家皆殺しにされた。

（大島幸夫『沖縄の日本軍――久米島虐殺の記録――』）

ロ　渡嘉敷島における赤松隊の殺害

渡嘉敷島には、海上挺進第三戦隊（隊長赤松嘉次大尉）が配備され、特攻挺をもって米軍の上陸支援艦隊を襲撃する準備をしていたが、先制攻撃を受け、逆に特攻挺基地が破壊され、赤松隊は山中の複郭陣地に後退し持久戦に転じた。赤松隊は、三回にわたって九人の住民を不審人物・米軍に通じた者ということで殺害した。

•伊江島の住民が連行されて、渡嘉敷島の捕虜収容所に収容されていたが、女性五人と男性一人が、米軍に選ばれて、赤松隊に降伏勧告状を届けるよう命ぜられた。六人が赤松隊に到着すると直ちに捕縛され、斬首された。

- 渡嘉敷島の一五、六歳の少年二人が、自決できず負傷しているところを米軍に捕えられ、後に赤松陣地へ降伏勧告の使いに行かされたが、米軍に投降し、米軍に意を通じたという理由で銃殺された。
- 豊見城村出身の渡嘉敷国民学校訓導が、挙動が怪しいということで、斬首された。

（前掲『鉄の暴風』）

（2）殺害の要因

前述したような殺害事例は、第一線の部隊もしくは後方の部隊などの、自己判断で実施されているものがほとんどである。本来、作戦・戦闘行動を妨害した一般国民・敵国人および第三国人等を裁くのは、師団以上に設置される軍律会議（軍法会議は、軍人・軍属および捕虜・間諜を裁く）であり、第一線部隊などの指揮官には、捕えた住民・第三国人・捕虜等を裁き処断する権限はないのである。

第三二軍司令官は、担当作戦地域における禁止行為などを「軍律」として定め、これを一般に公布し、この公布した「軍律」に違反した者を、軍律会議で審判し、軍罰として、死・監禁・追放・過料・没収等に処すことができる権限があったのであり、国際法的にも認められていたのであるから、これを実行すべきであった。しかるに、第三二軍司令官は、軍法会議は開いているが、軍律会議は開かなかったのである（軍律会議に関する記録も証言も見当たらないことから、軍律会議は開かれなかったと判断した）。第三二軍司令官は、国土戦であるので、住民が軍に対して、妨害行為や禁止行為などを行うことはないと判断して、あえて軍律会議を設置しなかったのであろうか。あるいは、軍律会議を設置する能力（人材）がなかったのであろうか。いずれにせよ、この判断の甘さが、部隊による、スパイ容疑者の殺害を、生起させる第一の要因になったと言える。

さらに、軍の過剰な防諜意識とスパイ視の基準のあいまいさ、および沖縄県民に対する先入観などが重なり、このような結果を招いたと考えられる。

一方、敗残兵となった部隊生き残りの者が、食糧に困り、住民の食糧を略奪するための名目として、スパイ視が利用されたこともあったのである。

第七章　集団自決問題

一、集団自決について

(1) 集団自決とは

集団自決とは、軍の強制と誘導による集団自殺であると定義する説もあるが、軍の強制や誘導が無くても、自由意思で、集団となって自殺することもある。戦闘中であるから、軍の強制や誘導によって行われたと、決めつけるのは早計である。当時の状況を、客観的・実証的に検証しながら究明すべきである。沖縄戦に関しては、とかく軍のせい(所為)にして、ことを済ませる傾向が多いが、これは、短絡的思考であり、無責任な思考である。

一九四四年七月以降、戦争が終局段階になると、各地で集団自決が発生したが、自決者数が多いのは、最大が終戦直後の満州であり、次いでマリアナ諸島、第三番目が沖縄である。沖縄が特に注目されるのは、満州・マリアナ諸島は外地であるが、沖縄は固有の領土であり、しかも本土防衛のため凄まじい戦いが行われた関係であろう（秦郁彦編『沖縄戦「集団自決」の謎と真実』）。

沖縄の集団自決は、沖縄本島でも数例あるが、集団自決の大半は、慶良間列島で発生している。この集団自決に対し、自決と言うことは自らの決断により、自ら死ぬことであるが、沖縄では自ら死を選んだのではなく、軍から強制されて止む無く死を選んだのであるから、集団自決ではなく、強制集団死と言うべきであるという論もある。特に、小さい子供たちは、自ら死を決断実行できるはずはなく、強制により、親など肉親が手にかけ殺したのである。いずれにせよ、痛ましい集団自決が起きたことは事実であり、その事例を以下に述べる。

（2） 大江健三郎『沖縄ノート』裁判

その前に、この慶良間列島の集団自決は、日本軍の隊長が命じたのであると書いたノーベル賞作家大江健三郎の著書『沖縄ノート』（岩波新書）裁判について述べることにする。

この裁判は、梅沢・赤松両元隊長が、集団自決を命じたというのは、名誉棄損に当たるとして、大江健三郎と出版社の岩波書店を訴えたもので、二〇〇五年八月から二〇一一年四月まで、大阪地裁、大阪高裁、最高裁で争われた裁判である。

判決は、名誉棄損に当たらないと、原告敗訴が確定した。この裁判は、隊長命令の真実性究明はできないが、真実相当性があるとして、名誉棄損には当たらないと判決したのである。真実相当性とは、直接的証拠はないけれども、周りの各種状況から真実相当性があるというものである。これは、裁判所が何らかの決着を付けねばならない裁判手法である。現に、裁判官も「判断は、本来は歴史学の課題として、研究と言論の場においてこそ論じられるべきものである」と言っているように、真実の追及は、裁判ではなく、歴史学という学問のなかで実施されるべきものである（岩波書店編『記録・沖縄「集団自決」裁判』）。

裁判で、梅沢・赤松両隊長が自決命令を下したと書いた『沖縄ノート』は、名誉棄損に当たらないと判決されたが、これは、自決命令があったと言うのではなく、あった可能性があるので、表現の自由をも考慮し、名誉棄損には当たらないというに過ぎないのである。自決命令があったと、判定したわけではないのである。

以下、渡嘉敷島と座間味島における、両隊長の自決命令説について、再検証する。

二、渡嘉敷島の集団自決

渡嘉敷島には、海上挺進第三戦隊（隊長赤松嘉次大尉）が配備され、本島海岸に上陸する米海軍艦隊を、背面から特攻挺によって襲撃する計画で、準備をしていたが、三月二十七日に、米第七七師団の一部が上陸し、特攻挺基地を破壊したため、赤松隊は山中に退避した。二十八日米軍の攻撃が迫る折、赤松隊長から住民に、自決命令が達せられたため、住民三九四人が、手榴弾などで集団自決したと、一九五三年に渡嘉敷島遺族会が編集した「慶良間列島渡嘉敷島の戦闘概要」（以後「戦闘概要」と略記）に記述されている。

これは、一九五二年に制定された「援護法」が、翌一九五三年から沖縄に適用されることになり、その参考として遺族会が編集し、集団自決は赤松隊長の命令によるものであると明記したのである。

（1）『鉄の暴風』の赤松隊長命令説

この赤松隊長命令説を、最初に主張したのは、沖縄タイムス編で朝日新聞社から、一九五〇年に出版された『鉄の暴風』である。この『鉄の暴風』は、その後、沖縄戦記の「バイブル」に祭り上げられ、事実誤認や誤りがあるにもかかわらず、修正することが回避され、赤松隊長命令説は、前記の「戦闘概要」や山川泰邦の『秘録沖縄戦史』、上地一史の『沖縄戦史』、家永三郎の『太平洋戦争』、琉球政府編の『沖縄県史』第八巻などに、そのまま踏襲されていったのである。

これに対し、疑問を投げかけたのが、石田郁夫と星雅彦であり、さらに関係者の聞き取りに基づき、厳しい批判を加えたのが、一九七三年出版の曽野綾子の『ある神話の背景』である。曽野の論は、説得力があるが、やや赤松隊長弁護論の傾向が強い。以下、バイブル視され、定説化されたという『鉄の暴風』の信憑性を検討してみる。

『鉄の暴風』は、「表現の誇張、独断、感傷、一切の虚飾を排除しようとする編集者の信念につらぬかれ」、また「表現の冷静さ、客観性に留意した」と言うが、急いで刊行したためか、検証不十分な点が多々あるのである。しかるに、いつの間にかバイブル視されるようになった。検証不十分の典型的な例が、赤松隊長命令説である。

『ある神話の背景』が指摘するように、関係者、特にこの事件の中心人物である赤松隊長、副官知念朝睦、駐在巡査安里喜順などの証言を採ることなく、赤松隊長命令説を主張するのは、独断や虚飾を排除したとは言えず、むしろ独断と虚飾に陥っているのではないかと思われるのである。

もっとも、執筆者の太田良博は、曽野綾子への反論で、村長古波蔵惟好と国民学校長宇久真成からも証言を採り、多くの住民からも聞き取ったと言うが、肝心の赤松隊長の命令については、具体的な証言が得られなかったためか、命令に関しては一言も語っていない（太田良博『太田良博著作集③ 戦争への反省』）。また、古波蔵（戦後に米田と改姓）村長も、後の証言で、赤松隊長の自決命令については語っていないのである（前掲『沖縄県史』第十巻、各論編九）。

太田良博は、「戦後二十数年もたって、曽野氏が赤松大尉やその隊員から聞いた話よりも、戦後まもなく、戦争体験者から聞いた話によって書かれた『鉄の暴風』の記録が、より確かであると信じる」ので、「私は赤松の言葉は信用しない」、従って、「渡嘉敷島の住民の証言に重きをおいた『鉄の暴風』の記述は、改訂する必要はない」と強弁している（前掲 太田『戦争への反省』）。これは、「住民は伝聞など語るはずはない」と言うことを前提にして、その検証はしないという考えであり、さらに住民がいくら生々しい集団自決の証言をしたとしても、肝心の命令に関する証言がなければ、隊長の命令と決めつける根拠となり得ないにもかかわらず、「無数の立体的証言」と称して、これらの集団自決証言を適当に組み合わせ、赤松隊長命令説を、立体的に組み立てた可能性が高いと考えられる。

さらに、『鉄の暴風』の渡嘉敷島集団自決に関する記事には、次に示すような明白な誤りがある（↓は訂正すべき内容を示す）。

①　三二頁　朝鮮人軍夫約二千人↓二一〇人

②　同頁　同日（二十五日）慶良間列島中の阿嘉島に↓二十六日

③　同頁　渡嘉敷から五十隻↓渡嘉志久から（渡嘉敷には特攻挺を配備していない）

④　三三頁　翌二十六日の午前六時頃↓二十七日

⑤　三五頁　住民には自決用として三二発の手榴弾が渡されていた↓住民に手榴弾を自決用として事前に渡すことはないが、防衛召集兵には戦闘のために渡していたので、これが自決に使用された

⑥　四〇頁　七月十五日にポツダム宣言の要旨を記したビラが散布された↓ポツダム宣言は七月二十六日に発せられたので、七月十五日などあり得ない

⑦　同頁　七月十九日に終幕（降伏）した↓八月十九日に降伏した

以上のように、証言者の選択の不適切、証言の検証不足、明白な誤りの存在などから、この『鉄の暴風』の赤松隊長命令説は、根拠不明で信憑性に欠けるものであると判断せざるを得ない。

では、なぜ赤松隊長命令説が書かれたのであろうか。一つは、執筆者太田良博や古波蔵村長などの、核心を避けたあいまいな証言から考えて、村内で責任追及をすると、共同体としての和が保てなくなるので、責任を外部すなわち軍に転嫁させたと判断される。

もう一つは、米軍占領下において、出版の許可を得やすくするために、その許可条件を満たすように、日本軍の残虐性をより明確に打ち出すことにより、米軍のヒューマニズム精神を、より一層強調したことが考えられる（石田郁夫『沖縄闘争誌』。沖縄タイムス社編『沖縄の証言』上）。

（2）当時の兵事主任新城（富山）真順の証言

当時村の兵事主任をしていた新城真順（戦後、富山と改姓）は、沖縄戦に関して二回証言している。一回目は、一九七一年十一月の『潮』掲載の「捕虜は生き恥」という記事であり、二回目は、一九八八年六月十六日の『朝日新聞』記事である。一回目の証言では、赤松隊長の命令につては、一言も話していない。二回目の証言では、これまで村史などにも話したことのない自決命令が、忽然と話され、これが『渡嘉敷村史』通史編に、以下のように掲載されている。彼がなぜ急変したのか疑問である。心境の変化か、誰かの要望や圧力があったのか、知る由もない。

① 一九四五年三月二十日、赤松隊から伝令が来て、兵事主任の新城真順に対し、渡嘉敷部落の住民を役場に集めるように命令した。新城真順は、軍の指示に従って十七歳未満の少年と役場職員を役場の前庭に集めた。

② そのとき、兵器軍曹と呼ばれていた下士官が、部下に手榴弾を二箱持ってこさせた。兵器軍曹は、集まった二十数名の者に、手榴弾を二個ずつ配り訓示をした。「米軍の上陸と渡嘉敷島の玉砕は必至である。敵に遭遇したら、一発は敵に投げ、捕虜になるおそれがあるときは、残

りの一発で自決せよ。」

③ 三月二十七日（米軍が上陸した日）、兵事主任に対して軍の命令が伝えられた。その内容は、「住民を軍の西山陣地近くに集結させせよ」と言うものであった。駐在の安里喜順巡査も、集結命令を住民に伝えてまわった。

④ 三月二十八日、恩納河原の上流フイジガーで、住民の集団死事件が起きた。このとき、防衛隊員が手榴弾を持ち込み、住民の自殺を促した事実がある。

以上のような証言をしているが、米軍の上陸もはっきりしていない三月二十日の時期に、しかも軍人でもない少年や役場職員に、貴重な手榴弾を渡すことなどあり得ないことである。もし渡したことが事実なら、それは防衛召集された少年、即ち軍人となった少年に渡したのである。同氏は、兵事主任という防衛召集の担当者でありながら、集まった少年が、防衛召集された少年かどうかについて、一言も語っていない。

また、住民を集めろと言われているのに、一七歳未満の少年と役場職員、二〇数名を集めただけであり、しかも自決命令を、赤松隊長自らが達したのではなく、兵器軍曹が訓示したというだけで、赤松隊長が、自決命令を下したかどうかあいまいである。さらに、住民集結の命令はあったが、集結後、防衛隊員の手榴弾で自決が起きたと言うだけで、赤松隊長の自決命令があったかどうかについては、何も述べていない。こんなあいまいな証言を根拠にして、赤松隊長命令説を主張するのは不可解であり、信用することはできないのである。

（3）自決命令はあったか

前述の新城真順の証言に対し、村の元駐在巡査比嘉喜順（旧姓安里）は、村民をどうしたらいいか赤松隊長に相談したら、「作戦の邪魔にならない、部隊近くのどこか安全な所に避難させておったらいいでしょう。我々は死んでもいいから最後まで戦う。あなたたち非戦闘員は、生きられる限り生きてくれ」と言われたと述べている（比嘉喜順「沖縄・渡嘉敷島の集団自決――戦後五一年目の証言――」、『光の泉』一九九六年十一月）。

赤松嘉次元隊長も、「私は自決を命令していない」という論を、『潮』一九七一年十一月号で述べている。その論で「部隊は西山のほうに移るから、住民も集結するなら、部隊近くの谷がいいだろうと示唆した。これが軍命令を出し、自決命令を下したと曲解される原因だったかもしれない」と述べ、自決命令は出していないとしている。

また、副官をしていた知念朝睦少尉も、「赤松隊長から私を素通りしては、いかなる下令も行われないはずです。集団自決の命令なんて、私は聞いたことも、見たこともありません」と述べている（「副官の証言」、前掲『沖縄県史』第十巻、各論編九）。

元渡嘉敷郵便局長徳平秀雄は、誰の命令だったか知らないが、恩納河原に集まり、村の有力者である、村長・前村長・校長・防衛隊の者・郵便局長の自分らが協議し、自決する他ないということになり、防衛隊員が持ってきた手榴弾を配り、思い思いのグループをつくって、手榴弾を発火したと述べている（前掲『沖縄県史』第十巻、各論編九）。

元渡嘉敷村長の米田惟好（旧姓古波蔵）は、赤松の命令で、村民は全員、陣地の裏側の盆地に集合し、その後、防衛隊員の持ってきた手榴弾があちこちで爆発し、集団自決が始まったと述べ、自決命令については一言も話していない（同右）。

戦後、琉球政府社会局援護課調査係をしていた照屋昇雄は、『正論』二〇〇六年十一月号で水島総（日本文化チャンネル桜社長）のインタビューで、「援護法」が適用され援護金が下りるように、当時の渡嘉敷村村長（玉井喜八）とともに、集団自決は軍命令であるという、赤松隊長の印をもらって、厚生省へ提出する書類を作成したと証言しているが、前述した赤松元隊長の手記には、一言も書かれていない。

以上のように、これらの証言などを総合すると、赤松隊長自決命令説は、赤松隊長が、住民は部隊近くの谷に集合するようにと言ったことが、当時切羽詰まった住民には、集合して自決しろというように拡大誇張されて伝わったと考えられる。従って、赤松隊長から自決命令が出たとは、考えられないのである。

以上のような経緯のなか、一九七一年に出された『沖縄県史』は、一九七四年の第十巻で、赤松隊長命令の記述を削除し、一九六八年の家永三郎『太平洋戦争』も、一九八六年に同命令の記述を訂正削除した。また、一九五八年出版の山川泰邦『秘録沖縄戦史』も、二〇〇六年に同命令の記述を削除したのである。

三、座間味島の集団自決

座間味島には、海上挺進第一戦隊（隊長梅沢裕少佐）が配備され、渡嘉敷島に面した古座間味海岸に、特攻挺一〇〇隻用の地下壕を準備したが、三月二十六日に米軍の攻撃を受け、特攻基地が破壊され、梅沢隊は山中に後退した。艦砲射撃を受けた二十五日、梅沢隊長より、住民は忠魂碑の前に集まり、玉砕すべしとの命令を受け、住民は同所に集まったが、艦砲弾が忠魂碑に当たり、住民は四散し、それぞれの壕などで、手榴弾などにより自決したと、「座間味戦記」に記されている。

この戦記は、戦後、前述の『鉄の暴風』と、住民の証言により纏められたもので、編者は明確でないが、渡嘉敷島の「戦闘概要」とほぼ同時期に、援護法適用の参考として作成されたと考えられる。「座間味戦記」に続いて、『地方自治七周年記念誌』、山川泰邦『秘録沖縄戦史』、上地一史『沖縄戦史』および『沖縄県史』第八巻に、それぞれ梅沢隊長命令説が、十分検証されないまま踏襲掲載されている。『鉄の暴風』の信憑性については前述したので、以下、梅沢隊長命令説について検証する。

（1）宮城初枝（旧姓宮平）の証言

座間味島の集団自決について、梅沢隊長命令説を最初に証言したのは、当時村の青年団員であった宮城初枝（旧姓宮平）である。一九五七年、厚生省の事務官が、調査のため座間味島を訪ねたとき、集団自決が決行される前に、梅沢隊長のもとへ行った助役の宮里盛秀以下五人の中の、唯一の生き残り証人として、宮城初枝は梅沢隊長命令を、厚生省事務官に証言したのである（宮城晴美『母の遺したもの』）。

その後さらに、雑誌『家の光』（一九六三年四月号）に投稿した「沖縄戦最後の日」のなかで、「（三月二十五日）夕刻、梅沢部隊長（少佐）から、住民は男女を問わず、軍の戦闘に協力し、老人子どもは全員、今夜忠魂碑前において玉砕すべし、という命令があった。」と、梅沢隊長命令を公に発表した。

また一九六八年、「血ぬられた座間味島——沖縄緒戦死闘の体験手記——」（下谷修久『悲劇の座間味島——沖縄敗戦秘録——』）でも、同様の自決命令があったと述べ、さらに一九七一年十一月、雑誌『潮』に、「自決神話の背景」という手記を投じ、自決命令があったと述べている。

ところが宮城初枝は、援護法関係で、村の人々を救うためとは言え、梅沢隊長が自決命令を発したと証言したことに苦悩し続け、一九七四年に、『沖縄県史』第十巻、各論編九では、「軍に手伝いできない老人子供の玉砕が呼びかけられ（中略）その頃、玉砕するはずだった老人子供が、沈黙のまま何処へともなく、私達の目の前を通り過ぎて行ったのです。（中略）その頃、部落民が各所で自決をはかり、私の家族を含めて惨事が繰り広げられていたことを、私達には知るよしもありませんでした。」と書き、自決命令については何も書いていない。

そして遂に、一九八九年の『座間味村史』下巻で、梅沢隊長命令の記述を削除してしまった。即ち「自決に追い込まれる」という手記で、助役の宮里盛秀、収入役の宮平正次郎、校長先生の玉城盛助、役場吏員の宮平恵達、それに自分の五人で、梅沢部隊長のところへ行き、助役が部隊長に「もはや最期の時がきました。若者たちは軍に協力をさせ、老人と子供たちは軍の足手まといにならないよう、忠魂碑前で玉砕させようと思います。弾薬を下さい。」とお願いしたが、部隊長は「お帰り下さい」と、申し入れを断ったと記している。

ここに、梅沢隊長命令説の最大の根拠がなくなってしまった。この経緯を、娘の宮城晴美が、二〇〇〇年十二月に『母の遺したもの』として出版し、母の遺志どおり、梅沢隊長命令説を否定したのである。

山川泰邦『秘録沖縄戦史』も、二〇〇六年に、梅沢隊長命令説を削除した。

(2) 梅沢隊長命令説

しかし、その後、二〇〇五年からの大江健三郎『沖縄ノート』裁判で、宮城晴美は、本心からか、周りの圧力に屈したのかよく分からないけれども、一転して、梅沢隊長命令説を主張し、『新版母の遺したもの』を二〇〇八年に出版した。新版では、厚生省の馬淵新治事務官が、調査のため沖縄に来た年には、既に梅沢隊長命令を記した『地方自治七周年記念誌』が出版されているので、援護法のために隊長命令説が主張されたのではないと主張し、隊長命令があったから集団自決が起きたと主張したのである。

座間味村では、『鉄の暴風』以来隊長命令説は、村の融和のため定説化していたので、厚生省としては、援護法適用のため、噂ではなくきちっとした根拠を得たいとして調査に来たのである。沖縄の多数の遺族を救うためには、噂として定説化している隊長命令説だけでは、援護法の適用に踏み切れないので、隊長命令の明確な証言・証拠が必要であった。丁度その折、宮城初枝の証言が得られ、厚生省も援護法適用を決断することができたのである。当時援護法の担当であった馬淵事務官は、一九八九年三月十三日、防衛研究所戦史部での筆者のインタビューで、決断の経緯を明確には語らず、ただ苦渋の決断であったと言われたが、多数の遺族を救うためには、やむを得ない処置だったのだと、同じ軍人仲間の梅沢・赤松両隊長へのお詫びの言葉のように聞こえた。

『沖縄タイムス』二〇〇七年一月十五日の、謝名直美編集委員の記事に、座間味村役場資料によると、援護法による補償申請が、短期間で認定されていることから、国は当初から実態把握をしていたので、認定のために軍命令を捏造したという主張は根拠がないと、一面トップで報じているが、この主張も、前述の宮城晴美と同様に、論理のすり替えである。認定作業がスムーズに進んだのは、厚生省が宮城初枝などの隊長命令証言を得たことにより、認定を決断したからこそ、先に進んだのである。

また、宮城晴美の新版では、安仁屋政昭の指摘する「戒厳令」の「合囲地境」論をもとに、隊長命令説を主張しているが、たとえ敵に包囲されて、「戒厳令」のいう「合囲地境」のような状況になったとしても、戒厳が宣告されない限り、軍が全権を発動することはできないのである。座間味島は事実上の「合囲地境」になったから、隊長が自決命令を発したというのは、「戒厳令」を自己流に解釈した誤った解釈である。

また新版は、宮平春子（助役の妹）などの証言を挙げて、隊長命令説を主張しているが、いずれも間接的なもので、初版の宮城初枝の証言の方が、はるかに信憑性がある。このように、これらの梅沢隊長命令説は、根拠があいまいで、信憑性に欠けるところがあると判断される。

（3） 梅沢隊長命令否定論

前述した宮城初枝の梅沢隊長命令説に対し、梅沢元隊長は、沖縄史料編集所の大城将保の要望に応えて手記「戦斗記録」を書き、『沖縄史料編集所紀要』第一一号（一九八六年三月）に掲載した。その手記で梅沢元隊長は、前述した『座間味村史』下巻の宮城初枝の証言と同じように、宮里助役、宮平収入役、玉城校長、宮平吏員および宮城初枝が来て、老幼婦女子が自決するので手榴弾か弾薬をくれと言ったが、「自決するではない、弾薬は渡せない」と断ったと記している。また、同年十二月、陸士五二期同期生会誌『防人の譜』に同じようなことを、かなり詳しく書き、「今こそは真相を明し、我が汚名を晴し度し。沖縄もこの虚構を払拭し去りて、始めて真の発展に向い得るに非ずや。」と、汚名払拭に熱弁をふるっている。

さらに、一九八七年三月、『昭和史研究所会報』第四四号に、「自決命じたのは村助役――遺族補償欲しさに軍命令と偽る――」という文を書き、当時兵事主任兼村助役であった宮里盛秀の弟、宮村幸延（旧姓宮里）の証文を根拠にして、自決命令を否定している。その証文は、次のようなものである。

座間味村遺族会長　宮村幸延

昭和二十年三月二六日の集団自決は、梅沢部隊長の命令ではなく、当時兵事主任兼村場助役の宮里盛秀の命令で行なわれた。之は弟の宮村幸延が、遺族補償のためやむをえ得《（ママ）》えず隊長命令として申請したためのものであります。

右当時援護係　宮村幸延　印

昭和六十二年三月二十八日

梅沢　裕　殿

しかしこの証文は、前述の宮城晴美が、宮村幸延に直後会って確認したところ、梅沢元隊長に酒を飲まされ書かされたのであり、自分が書く理由はないし、書けるわけもないということであり、宮村幸延の妻も、裁判の陳述書で、夫は梅沢にだまされたと怒りと悔しさで一杯の様子でしたと述べている（前掲『記録・沖縄「集団自決」裁判』）。

これらから判断すると、宮村幸延証文は信用できないものであると言える。

梅沢元隊長はその後も、第三者を介して、沖縄タイムス社の東京支社、沖縄の本社、沖縄県史料編集所などへ、宣伝カーを乗り付け、抗議行動を行ったと言うが、自分の名誉挽回のために、ここまでしなければならない気持ちは、いささか理解に苦しむところである。

さらに二〇〇五年に、前述した大江健三郎『沖縄ノート』などを、名誉棄損で訴え、最高裁まで争ったが、名誉棄損は認められず敗訴した。梅沢元隊長の自決命令があったとは断定できないが、あった可能性が高いという、真実相当性ということで、敗訴したのである。

渡嘉敷島における赤松隊長の自決命令は、なかったと認められ、『沖縄県史』から削除されたが、座間味島における梅沢隊長の自決命令は、あった可能性があるか、もしくは自決命令に近い命令があった可能性があると考えられ、『沖縄県史』から削除されなかったのである。

四、集団自決の要因

集団自決問題は、複雑・微妙な要素が絡んでいるが、これまで述べてきたように、両島の集団自決命令説は、『鉄の暴風』以来、噂として広まり一般化されていた。しかし、渡嘉敷島における赤松隊長の自決命令は、前述したように、なかったと判断され、座間味島における梅沢隊長の自決命令は、あった可能性があるか、もしくは自決命令に近い命令があった可能性があると判断される。

自決命令がなかったにせよ、あったにせよ、多くの住民が集団で死亡したことは事実である。では何故にこのような集団自決が起ったのであろうか。いろいろの論があるが、次のような要因が考えられる。

① 当時、社会一般に「鬼畜米英に捕えられて殺害されるか辱められるよりも、むしろ死を選ぶ」という観念が強かった。
② 軍内では、戦陣訓の「生きて虜囚の辱めを受けず」という教育がされていた。
③ 米軍の直接的攻撃を受け、危機切迫の状態になった。
④ 日本軍の保護が得られなくなった。

⑤　多くの防衛召集者に、戦闘用として手榴弾が渡されていた。
⑥　逃げ場のない離島であった。

このような要因が重なり、自ら死を選んだのであった。軍の強制と誘導による「強制集団死」などという論もあるが、この論は、自ら死を選んだ意志を無視することになり、軍国主義教育の結果であると強調しながら、却って軍国主義教育の効果を否定する、矛盾した主張になる。

いずれにせよ、小さい子供は別にして、自ら死を選び集団自決という事態に追い込まれたのは、自決した個人の責任ではなく、国の政治・教育・マスコミ・社会思潮などによって育成された、社会風潮によるものと考える。

おわりに

本論では、沖縄戦における住民問題として、疎開、避難、防衛隊と防衛召集、スパイ視問題と住民殺害、集団自決問題に関して、誤解されたり、隠蔽されたり、語られていなかったり、誤っていたりしている点が、一部に存在するので、これらについて再検証を試みたものである。

本論を書くに当たり、これまでに刊行された多くの書の中、特に、沖縄タイムス社編『鉄の暴風』、同社編『沖縄の証言』、沖縄県教育委員会編『沖縄県史』、浦崎純『消えた沖縄県』、八原博通『沖縄決戦』、嶋津与志『沖縄戦を考える』、林博史『沖縄戦と民衆』、石原昌家他『争点・沖縄戦の記憶』、岩波書店編『記録・沖縄「集団自決」裁判』などを参照させていただき、多くの示唆を得ることができた。

一九七〇年代に、年に何回か、沖縄戦跡を訪ね歩き、多くの洞窟に入り、危うい目に遭うこともあった。当時、沖縄中南部の地形と道路網は、頭の中に組み込まれていた。現地の関係者、実際に戦った軍人、沖縄戦について研究している人など、かなりの人に会い、教えを受けた。その後は、作戦・戦闘そのものよりも、住民問題に関心を持ち、研究を継続してきた。防衛研究所戦史部では、要塞を中心にした国土防衛史を研究しながら、沖縄戦における住民問題も研究してきた。これらの研究成果を整理したのが、本論である。お世話になった多くの方々に深く感謝する次第である。

沖縄戦における住民問題は、島全体が戦場となり、多大の犠牲を出しただけに、やむを得ない面もあるが、やや感情に走り、主観的になり、冷静さと客観性を欠く傾向になりがちである。歴史は常に、冷静・客観的な眼で見なければならない。冷静さと客観性を持った研究が進むことを期待したい。

参考文献

一、国および沖縄県など公的機関による刊行物

防衛研修所戦史部『戦史叢書　沖縄方面陸軍作戦』(朝雲新聞社、一九六八年)
防衛研修所戦史部『戦史叢書　本土決戦準備(1)関東の防衛』(朝雲新聞社、一九七一年)
内閣情報局『週報』第三〇一号(一九三七年七月十五日)
沖縄県史料編纂所編『沖縄県史料』近代一、昭和十八年知事事務引継書類(沖縄県教育委員会、一九七八年)
沖縄県教育会編『沖縄県史』第一巻、通史(国書刊行会、一九七六年)
琉球政府編『沖縄県史』第二巻、各論編一(琉球政府、一九七〇年)
琉球政府編『沖縄県史』第八巻、沖縄戦通史(琉球政府、一九七一年)
琉球政府編『沖縄県史』第九巻、各論編八(琉球政府、一九七一年)
沖縄県教育会編『沖縄県史』第十巻、各論編九(沖縄県教育会、一九七四年)
沖縄県史料編集室『史料編集室紀要』第二五号(二〇〇三年三月)
仲村栄春編『地方自治七周年記念誌』(沖縄市町村会長、一九五五年)
沖縄市町村三十年史編集委員会編『沖縄市町村三十年史』上巻(同史発行委員会、一九八三年)
那覇市史編集室編『那覇市史』通史編、第二巻、近代史(那覇市役所、一九七四年)
那覇市史編集室編『那覇市史』資料編、第二巻、中の二(那覇市役所、一九六九年)
那覇市史編集室編『那覇市史』資料編、第二巻、中の六(那覇市役所、一九七四年)
那覇市史編集室編『那覇市史』資料編、第三巻、七(那覇市役所、一九八一年)

名護市史編さん委員会他編『名護市叢書一　語りつぐ戦争――市民の戦時・戦後体験記録――』第一集（名護市役所、一九八五年）
平良市史編纂委員会編『平良市史』第一巻、通史編Ⅰ（平良市役所、一九七九年）
平良市史編纂委員会編『平良市史』第四巻、資料編（平良市、一九七八年）
国頭村役所編『国頭村史』（国頭村役所、一九六七年）
真栄城兼良編『北谷村誌』（北谷村役所、一九六一年）
福田恒禎『勝連村誌』（勝連村役所、一九六六年）
新垣清輝編『真和志市誌』（真和志市役所、一九五六年）
金城繁正編『玉城村誌』（玉城村役場、一九七七年）
竹富町誌編集委員会編『竹富町誌』（竹富町役場、一九七四年）
渡嘉敷村史編集委員会編『渡嘉敷村史』通史編（渡嘉敷村役場、一九九〇年）
北大東村誌編集委員会編『北大東村誌』（北大東村役場、一九八六年）
内間字誌編集委員会編『内間字誌』（浦添市内間自治会、一九八一年）
津波仁栄『幸喜部落の歩み』（名護市幸喜区、一九七八年）
『大分県報』第一九五四号（一九四四年二月十二日）、第二〇〇四号（一九四四年八月四日）
『宮崎県公報』第一八一六号（一九四四年十月六日）
宮崎県民生労働部編『宮崎県社会事業史』（宮崎県、一九五九年）

二、個人などその他の刊行物

安仁屋政昭『裁かれた沖縄戦』（晩聲社、一九八九年）
家永三郎『太平洋戦争』（岩波書店、一九六八年）

石田郁夫「解説・記録と真実の間――沖縄・渡嘉敷島集団自決の記録から――」(谷川健一ほか編『ドキュメント日本人 8 アンチヒューマン』学芸書林、一九六九年)
石田郁夫『沖縄闘争誌』(御茶の水書房、一九九三年)
石原昌家他『争点・沖縄戦の記憶』(社会評論社、二〇〇二年)
岩波書店編『記録・沖縄「集団自決」裁判』(岩波書店、二〇一二年)
上地一史『沖縄戦史』(時事通信社、一九五九年)
上原正稔訳編『沖縄戦アメリカ軍戦時記録――第10軍G2秘レポートより――』(三一書房、一九八六年)
上原正稔『沖縄戦トップシークレット』(沖縄タイムス社、一九九五年)
梅沢裕「手記・戦闘記録」(『沖縄史料編纂所紀要』第一一号、一九八六年三月)
梅沢裕「最後の戦闘記、苦悩」(陸士52期同期生会誌『防人の譜』付録第三部「今昔」第三集、一九八六年)
梅沢裕「自決を命じたのは村役場助役――遺族補償欲しさに軍命令と偽る――」(『昭和史研究所会報』第四四号、一九八七年十二月十日)
浦崎純『消えた沖縄県』(沖縄自治出版、一九六五年)
大江健三郎『沖縄ノート』(岩波書店、一九七〇年)
大島幸夫『沖縄の日本軍――久米島虐殺の記録――』(新泉社、一九七五年)
大田静男『八重山の戦争』(南山舎、一九九六年)
大田昌秀『これが沖縄戦だ』(琉球新報社、一九七七年)
大田昌秀『総史沖縄戦』(岩波書店、一九八二年)
太田良博『太田良博著作集③ 戦争への反省』(伊佐美津子、二〇〇五年)
『沖縄新報』(沖縄新報社)
沖縄朝日新聞社編『沖縄大観』(日本通信社、一九五三年)

沖縄県警友会編『創立三〇周年記念誌』（沖縄県警友会、一九八四年）
沖縄タイムス社編『沖縄戦記　鉄の暴風』（沖縄タイムス社、一九五〇年）
沖縄タイムス社編『沖縄の証言』上、下（沖縄タイムス社、一九七一年、一九七三年）
『海南時報』一九四四年八月二十日（海南時報社）
角川日本地名大辞典編纂委員会編『角川日本地名大辞典』四七、沖縄県（角川書店、一九八六年）
河合正廣「陸軍の防衛召集制度とその実態」（防衛研究所研究資料　００ＲＯ－７Ｈ、二〇〇〇年）
「川嶋三郎手記」（『大霞』第四六号、一九六九年七月）
嶋津与志『沖縄戦を考える』（ひるぎ社、一九八三年）
志村常雄「沖縄戦の回想」(4)（『修親』一九七九年四月、防衛弘済会）
謝花直美「集団自決早期補償～琉政・村元職員、証言――国の方針は明確――」（『沖縄タイムス』二〇〇七年一月十五日）
瀬名波栄『先島群島作戦　宮古篇』（先島戦記刊行会、一九七五年）
曽野綾子『ある神話の背景――沖縄渡嘉敷島の集団自決――』（文藝春秋、一九七三年）
地主園亮「沖縄戦における住民「スパイ」視について――既刊行物をもとに――」（『史料編集室紀要』第二五号、二〇〇三年三月、沖縄県史料編集室）
照屋栄一編『沖縄行政機構変遷史料』（照屋栄一、一九八二年）
仲村兼信『沖縄警察とともに』（仲村兼信、一九八三年）
新里清篤編『あゝ学童疎開船対馬丸』（対馬丸遭難者遺族会、一九七八年）
野里洋『汚名――第二十六代沖縄県知事和泉守紀――』（講談社、一九九三年）
秦郁彦『沖縄戦「集団自決」の謎と真実』（ＰＨＰ研究所、二〇〇九年）
林博史『沖縄戦と民衆』（大月書店、二〇〇一年）

原　剛「沖縄戦における住民問題」（『軍事史学』第四九巻第一号、二〇一三年六月）
比嘉喜順「沖縄・渡嘉敷島の集団自決――戦後五一年目の証言――」（『光の泉』一九九六年十一月）
福地曠昭『村と戦争』（「村と戦争」刊行会、一九七五年）
星雅彦「二十五年前は昨日の出来事」（『沖縄タイムス』コラム・唐獅子、一九七〇年四月三日）
北海タイムス社「七師団戦記――あゝ沖縄――」（『北海タイムス』一九六四年四月十二日、七月六日、七月七日、七月十二日）
牧野清『新八重山歴史』（牧野清、一九七二年）
牧野清『登野城の歴史と民族』（牧野清、一九七五年）
馬淵新治「住民処理の状況」（陸上自衛隊幹部学校「沖縄戦における沖縄島民の行動に関する史実資料」（陸上自衛隊幹部学校、一九六〇年）
水島総「妄説に断！渡嘉敷島集団自決に軍命令はなかった」（『正論』二〇〇六年十一月）
宮城晴美『母の遺したもの』（高文研、二〇〇〇年）
宮城晴美『新版・母の遺したもの』（高文研、二〇〇八年）
宮城初枝「沖縄戦最後の日」（『家の光』一九六三年四月号）
宮城初枝「血ぬられた座間味島――沖縄緒戦死闘の体験手記――」（下谷修久『悲劇の座間味島――沖縄敗戦秘録――』非売品、一九六八年）
宮城初枝「自決神話の背景」（『潮』一九七一年十一月）
宮城初枝「自決に追い込まれる」（座間味村史編集委員会編『座間味村史』下巻、座間味村役場、一九八九年）
八原博通『沖縄決戦』（読売新聞社、一九七二年）
山川泰邦『秘録沖縄戦史』（沖縄グラフ社、一九五八年）

三、国などの公的史料で未刊のもの

陸上自衛隊沖縄戦史研究調査団「沖縄作戦の総合的教訓」（陸上自衛隊沖縄戦史研究調査団、一九六一年、防衛研究所所蔵）

「軍令綴」一九（防衛研究所所蔵）

「陸軍成規類聚」第二巻（防衛研究所所蔵）

陸軍省「陸密綴」昭和二十年（防衛研究所所蔵）

「球軍会報」昭和二十年四月九日（防衛研究所所蔵）

参謀本部第二十班「昭和二十年大東亜戦争戦争指導関係綴」内政・経済之部　其一（防衛研究所所蔵）

第三十二軍司令部「日々命令綴」（防衛研究所所蔵）

第三十二軍参謀部「第三十二軍陣中日誌」（防衛研究所所蔵）

第三十二軍残務整理部「沖縄戦における第三十二軍史実資料」（防衛研究所所蔵）

第六十二師団「石兵団会報」（防衛研究所所蔵）

「独立混成第十五聯隊陣中日誌」（防衛研究所所蔵）

「歩兵第八十九聯隊第五中隊陣中日誌」（防衛研究所所蔵）

「浦添村防衛隊編成表」（防衛研究所所蔵）

琉球政府社会局援護課「防衛召集概況一覧表」（防衛研究所所蔵）

石井虎雄「沖縄防備対策」（陸軍省「密大日記」昭和九年、第一冊、防衛研究所所蔵）

「軍防諜参考資料——沿岸築城防諜上の諸注意——」（陸軍省「陸密綴」昭和二十年、防衛研究所所蔵）

「秘密戦ニ関スル書類」（国立公文書館所蔵）

文部省旧分類文書「学童疎開関係綴」I－442－1冊（国立公文書館所蔵）

文部省旧分類文書「学童疎開関係綴」Ⅰ－443－4冊（国立公文書館所蔵）
文部省旧分類文書「学童疎開関係綴」Ⅰ－448－1冊（国立公文書館所蔵）
内務省「警保局長決裁書類」昭和十九年（国立公文書館所蔵）
内務省「総動員警備関係書類」昭和十九年（防衛研究所所蔵）
内務省「種村氏警察参考資料」（国立公文書館所蔵）
仲間智秀編「学童疎開関係書類」（那覇市史編集室所蔵）
宮崎県「社会課所管事務引継書」（「事務引継書」昭和十九年、宮崎県立図書館所蔵）
「宮崎県学事関係諸令達通牒」昭和二十二年、第一号（宮崎県立図書館所蔵）
渡嘉敷島遺族会編「慶良間列島渡嘉敷島の戦闘概要」（渡嘉敷村役場所蔵）

四、未刊の個人記録など

真田穣一郎少将（軍事課長・軍務課課長・作戦課長・作戦部長・軍務局長）「真田穣一郎少将日記」（防衛研究所所蔵）
大塚文郎大佐（陸軍省医事課長）「備忘録」その八（防衛研究所所蔵）
増田繁雄大佐（陸軍省燃料課長）「増田繁雄大佐業務日誌」（防衛研究所所蔵）
神直道「神日誌」其二（防衛研究所所蔵）
馬淵新治「沖縄戦における島民の行動」（防衛研究所所蔵）
大東島製糖所「戦禍と島の近況に就て」（「日糖資料」南大東村役場所蔵）

著者略歴

原　剛（はら　たけし）

1937 年、香川県生まれ。
1960 年、防衛大学校卒業。以後、陸上自衛隊第 10 普通科連隊、第 28 普通科連隊、防衛大学校、幹部候補生学校勤務。その後、防衛研究所戦史部に勤務し戦史研究に従事、自衛官定年退官後も防衛研究所戦史部教官（文官）として勤務、文官定年退官後も戦史部調査員（非常勤）として約 10 年間戦史研究に従事。以後、軍事史研究家として主として日本軍事史（国土防衛史）の研究に当たる。軍事史学会理事・副会長などを経て現在同会顧問。ＮＨＫ「坂の上の雲」の陸軍考証担当。現在、平和祈念展示資料館監修員、しょうけい館々長。

著書

・『幕末海防史の研究』（名著出版、1988 年）
・『明治期国土防衛史』（錦正社、2002 年）
・『歴代陸軍大将全覧』明治篇、大正篇、昭和篇（中央公論新社）共著
・『南京戦史』『南京戦史資料集』（偕行社、1989 年）共編
・『日本陸海軍辞典』（新人物往来社、1997 年）共編
・『大本営陸軍部戦争指導班機密戦争日誌』（錦正社、1998 年）共編

沖縄戦《おきなわせん》における住民問題《じゅうみんもんだい》

令和三年三月　二日　印刷
令和三年三月十六日　発行

※定価はカバー等に表示してあります。

著　者　原　　剛
発行者　中藤正道
発行所　㈱　錦　正　社
〒一六二―〇〇四一
東京都新宿区早稲田鶴巻町五四四―六
電　話　〇三（五二六一）二八九一
ＦＡＸ　〇三（五二六一）二八九二
ＵＲＬ　https://kinseisha.jp/

印　刷　㈱文昇堂
製　本　㈱ブロケード

ISBN978-4-7646-0353-0

関連書

〔新装版〕大本営陸軍部戦争指導班 **機密戦争日誌**（全二巻）
防衛研究所図書館所蔵　軍事史学会編
定価：本体二〇、〇〇〇円

大本営陸軍部作戦部長 **宮崎周一中将日誌**
防衛研究所図書館所蔵　軍事史学会編
定価：本体一五、〇〇〇円

元帥畑俊六回顧録
防衛研究所図書館所蔵
軍事史学会編　伊藤隆・原剛監修
定価：本体八、五〇〇円

海軍大将 **嶋田繁太郎備忘録・日記 Ⅰ**
―備忘録　第一～第五―
軍事史学会編　黒沢文貴・相澤淳 監修
定価：本体九、五〇〇円

海軍大将 **嶋田繁太郎備忘録・日記 Ⅲ**
―日記　昭和十五年、昭和十六年、
昭和二十一・二十二年、昭和二十二・二十三年―
軍事史学会編　黒沢文貴・相澤淳 監修
定価：本体九、五〇〇円

明治期国土防衛史
原　剛著
定価：本体九、五〇〇円

戦前 **昭和ナショナリズムの諸問題**
清家　基良著
定価：本体九、五一五円

ケネディとベトナム戦争―反乱鎮圧戦略の挫折―
松岡　完著
定価：本体六、八〇〇円

日本軍の精神教育―軍紀風紀の維持対策の発展―
熊谷　光久著
定価：本体三、八〇〇円

関連書

中国海軍と近代日中関係
馮　青著
定価：本体三、四〇〇円

日本の軍事革命
久保田　正志著
定価：本体三、四〇〇円

お台場——品川台場の設計・構造・機能——
淺川　道夫著
定価：本体二、八〇〇円

江戸湾海防史
淺川　道夫著
定価：本体二、八〇〇円

明治維新と陸軍創設
淺川　道夫著
定価：本体三、四〇〇円

丹波・山国隊——時代祭「維新勤王隊」の由来となった草莽隊——
淺川道夫・前原康貴著
定価：本体一、八〇〇円

総統からの贈り物
——ヒトラーに買収されたナチス・エリート達——
ゲルト・ユーバーシェア／ヴァンフリート・フォーゲル　著
守屋　純訳
定価：本体二、八〇〇円

国防軍潔白神話の生成
守屋　純著
定価：本体一、八〇〇円

ハプスブルク家かく戦えり
——ヨーロッパ軍事史の一断面——
久保田　正志著
定価：本体七、〇〇〇円

関連書

プリンス　オブ　ウエルスの最期
主力艦隊シンガポールへ——日本勝利の記録——
R・グレンフェル著
田中　啓眞訳
定価：本体一、八〇〇円

第一次上海事変の研究
——軍事的勝利から外交破綻の序曲へ——
影山　好一郎著
定価：本体九、五〇〇円

英米世界秩序と東アジアにおける日本
——中国をめぐる協調と相克　一九〇六〜一九三六——
宮田　昌明著
定価：本体九、八〇〇円

日本海軍と東アジア国際政治
——中国をめぐる対英米政策と戦略——
小磯　隆広著
定価：本体四、二〇〇円

「大東亜共栄圏」の形成過程とその構造
——陸軍の占領地軍政と軍事作戦の葛藤——
野村　佳正著
定価：本体四、二〇〇円

呉海軍工廠の形成
千田　武志著
定価：本体一〇、〇〇〇円

日ソ張鼓峯事件史
笠原　孝太著
定価：本体三、〇〇〇円

砲・工兵の日露戦争
——戦訓と制度改革にみる白兵主義と火力主義の相克——
小数賀　良二著
定価：本体四、二〇〇円

民防空政策における国民保護——防空から防災へ——
大井　昌靖著
定価：本体四、八〇〇円